Wicca:

Aprende los secretos de los hechizos de brujería y rituales lunares. El Kit de Inicio para brujas modernas. Aprende sobre cristales y velas. Magia y esoterismo.

Table of Contents

Table of Contents 2
Introducción 10
Capítulo 1: Hechos de Wicca 14
    Directrices y consejos para un hechizo exitoso 16
        Visualización 16
        Libera tu mente 17
        Recuerda la importancia de la positividad. ...18
Capítulo 2: Advertencias para Nuevos Principiantes 20
    El mal existe en este mundo. 21
    Puedes abusar de tu don 21
    Siempre Conoce Tus Consecuencias 23
    No escuches los mitos 24
    Nunca Dejes una Vela Desatendida 24
    Hierbas y Hechizos 25
    Aceites Esenciales y Hechizos 25
    La seguridad siempre es lo primero 26
Capítulo 3: Hechizos de Bienestar 27
    Un hechizo para liberar cualquier energía negativa 28
    Un Hechizo de Sanación 29
    Trayendo Paz y Armonía a un Espacio Infectado 31
    Hechizo de Salud y Bienestar 33
    Un hechizo para ayudarnos a limpiar y purificar 35
Capítulo 4: Hechizos de Amor 37

Un hechizo para sanar una relación fracturada 37
   Baño ritual de cita a ciegas............................40
   Nuevo Hechizo de Amistades.........................41
   Hechizo para Liberar Ataduras Negativas..........43
   Conjura un Hechizo de Interés Romántico.........45
Capítulo 5: Hechizos de Riqueza 47
   Hechizo de Prosperidad con Diente de León 48
   Hechizo para Nuevas Oportunidades.................50
   Un Hechizo Simple de Dinero 51
   Trae el éxito a tu entorno laboral hechizo.........53
Capítulo 6: Velas y Hechizos..56
   Carga tus velas..57
      Hierbas..57
      Meditación de Luz......................................58
      Aceites..58
      Cristales 59
   Rojo 59
   Ritual de la luz solar para aumentar tu energía física...60
   Poder de la Voluntad Encanto de la Victoria 61
   Hechizo de Relación Apasionada.....................63
   Verde 65
   Hechizo de Fertilidad a la Luz de las Velas ...65
   Hechizo de Empleo del Penny de la Suerte...66
   Hechizo de Dinero Mágico................................68
   Rosa..70
   Hechizo de Romance de Ensalada de Fresa..71
   El Inicio de un Día de Niño 72

Fortaleciendo Tu Hechizo de Amistad 74
Plata 76
Hechizo de Perdido es Encontrado 76
Hechizo de Moneda de la Suerte para el Juego
.... 78
Hechizo de Reconexión de la Diosa de la Plata
.... 79
Azul 81
Hechizo de Armonía para Conflictos Domésticos 82
Hechizo para Aumentar Tu Paciencia 83
"Notas de Amor para Uno Mismo" Hechizo de Medicina 85
Naranja 87
Hechizo de Aliento en Tiempos Desafiantes 87
Hechizo de Baño de Empoderamiento 89
Navegando a Través del Hechizo de Cambio Repentino 90
Capítulo 7: Cristales y Hechizos 93
Amatista 94
Baño de Hechizo para la Paciencia y la Flexibilidad 95
Rompe el Hechizo de la Adicción 96
Piedra de luna 98
Hechizo de Mejora de Fertilidad 98
Hechizo de piedra lunar soñadora 100
Jade 101
Resolviendo Sentimientos de Culpa Hechizo
.... 102
Hechizo para Restaurar el Equilibrio 104

- Ojo de tigre 105
  - Hechizo de Coraje Ojo de Tigre 105
  - Hechizo de Reenfoque para Proyectos a Largo Plazo 107
- Cuarzo Rosa 110
  - Hechizo de Luz Brillante de Autoconfianza y Amor Propio 110
  - Liberando Emociones y Dolor No Expresados Hechizo 112
- Piedra de Sangre 115
  - Hechizo de Protección contra el Acoso Escolar 115
  - Hechizo para Fortalecer la Relación entre Madre e Hijo 116

Capítulo 8: Hierbas y Hechizos 119

- Nuez moscada 120
  - Hechizo de Energía para la Seguridad en el Hogar 121
  - Un hechizo de buena suerte para viajeros en avión 122
- Sage 124
  - Hechizo para Sanar tu Duelo 125
  - Hechizo de Longevidad del Té de Salvia 126
- Canela 128
  - Nuevo Hechizo de Protección y Bendición para el Hogar 128
  - Un Hechizo de Blues para Desterrar 130
- Diente de león 131
  - Hechizo de Equilibrio de Luna y Sol 132
  - Hechizo para la Claridad Psíquica 134

Tomillo..136
> Hechizo de Autoconfianza del Pentagrama 136
> Hechizo de Talismán de Coraje de Tomillo 137

Capítulo 9: Aceites Esenciales 140
> Hechizo de Dinero con Monedas 141
> Hechizo de Atracción Amorosa Apasionada .. 143

Conclusión... 146

Copyright EasyTube Zen Studio 2024 - Todos los derechos reservados.

El contenido incluido en este libro no puede ser reproducido, duplicado o transmitido sin el permiso escrito directo del autor o del editor.

Bajo ninguna circunstancia se responsabilizará al editor o al autor por cualquier daño, reparación o pérdida monetaria debido a la información contenida en este libro, ya sea directa o indirectamente.

Aviso Legal:

Este libro está protegido por derechos de autor. Es solo para uso personal. No puedes modificar, distribuir, vender, usar, citar o parafrasear ninguna parte, ni el contenido dentro de este libro, sin el consentimiento del autor o del editor.

Aviso de Exención de Responsabilidad:

Por favor, tenga en cuenta que la información contenida en este documento es solo para fines educativos y de entretenimiento. Se ha hecho todo lo posible para presentar información precisa, actualizada, confiable y completa. No se declaran ni se implican garantías de ningún tipo. Los lectores reconocen que el autor no está proporcionando asesoramiento legal, financiero, médico o profesional. El contenido de este libro se ha derivado de diversas fuentes. Por favor, consulte a un profesional autorizado antes de intentar cualquier técnica descrita en este libro.

Al leer este documento, el lector acepta que bajo ninguna circunstancia el autor es responsable de ninguna pérdida, directa o indirecta, que se incurra como resultado del uso de la información contenida en este documento, incluidos, pero no limitándose a, errores, omisiones o inexactitudes.

Introducción

Te sientes desequilibrado o un poco triste. Sientes que hay algo que falta en tu vida, pero no estás seguro de qué es. Un día, hablas con un amigo sobre cómo te sientes cuando te cuentan sobre un hechizo wiccano. Te explican cómo este hechizo ayudará a aliviar los sentimientos negativos y traer más positividad a tu vida. Con su guía, lanzas el hechizo. Un par de semanas después, comienzas a notar los cambios emocionales en tu vida. Estás pensando con más claridad y concentrándote más en el lado positivo de la vida, incluso cuando algo no sale como esperabas.

Esta es la base para los hechizos wiccanos. Están aquí para ayudarte a alcanzar tu yo más alto y tu potencial. Ayudan a aliviar la negatividad en tu vida al centrarse más en mejorar tu autocuidado, confianza y autoestima. Además, pueden fortalecer los lazos entre tú y tus miembros de la familia o amigos. También pueden ayudarte a encontrar a tu alma gemela o darte el valor para cambiar de carrera.

La mayoría de los capítulos de este libro están llenos de hechizos wiccanos. Sin embargo, es importante que te tomes el tiempo para entender los pasos importantes que vienen antes de cada hechizo. Por lo tanto, el capítulo 1 se centra en una breve introducción a los hechizos wiccanos y te brinda la información necesaria para lanzar un hechizo. La base de este capítulo son las pautas para realizar un hechizo con éxito, como calmar tu mente y la visualización.

El capítulo 2 es más bien un cuento de advertencia. Con cualquier regalo o habilidad, siempre hay etiquetas de advertencia adjuntas. Este capítulo discute las diversas advertencias y peligros que vienen con el lanzamiento de hechizos. Por ejemplo, discute cómo puedes abusar de tu regalo de lanzar hechizos si no tienes cuidado. Los wiccanos utilizan hechizos para ayudar a alcanzar su mejor versión y proporcionar a otros un sentido de alivio cuando se trata de la negatividad en sus vidas. Siempre quieres tener cuidado con cómo realizas un hechizo y asegurarte de agradecer a los poderes superiores que te ayudaron. Nunca uses un hechizo de manera negativa.

El capítulo 3 se centra en los hechizos de salud y bienestar. Estos son hechizos que pueden ayudar a tu estado mental y emocional a través de la sanación. Estos hechizos no están destinados a reemplazar ninguna atención o consejo médico. Simplemente son hechizos que te ayudarán a crear una mejor sensación de equilibrio, felicidad y enfoque en tu bienestar general.

El capítulo 4 se centra en los hechizos de amor y relaciones. Estos son algunos de los hechizos más comunes utilizados en la Wicca. También son excelentes hechizos para principiantes, ya que se enfocan en cualquier tipo de amor, ya sea entre amigos, miembros de la familia o tu pareja. También puedes usar hechizos en esta categoría para aumentar la moral en tu oficina de trabajo.

El capítulo 5 se centra en los hechizos de riqueza y

abundancia. Al igual que los hechizos de amor y relaciones, los hechizos del capítulo cinco examinan varias áreas dentro de tu vida. Por ejemplo, la mayoría de las personas, cuando piensan en la riqueza, imaginan dinero. Sin embargo, también puedes ser rico en amor, felicidad y muchas otras áreas de tu vida. Al mismo tiempo, los hechizos de abundancia pueden ayudarte a lograr más de lo que deseas como humano, como la compasión de otras personas. También pueden centrarse en el autocuidado. Después de todo, como te enseñarán los hechizos de este libro, la autocompasión y el amor propio son igualmente importantes que recibir estos factores de otras personas. Necesitas una abundancia de ambos para crear un equilibrio saludable.

El capítulo 6 se centra en las velas y los hechizos. Aunque no todos los hechizos utilizan velas, la mayoría de ellos sí lo hacen. Este capítulo comenzará guiándote a través del proceso de cargar tus velas. Esto es algo que siempre querrás hacer antes de cada hechizo. Desafortunadamente, no puedo discutir hechizos específicos asociados con cada color en este libro, pero puedo hablar sobre algunos de los colores más comunes utilizados en hechizos.

El capítulo 7 se centra en los cristales y los hechizos. Al igual que en el capítulo anterior, hay más cristales de los que podría discutir dentro de las páginas de este libro. Sin embargo, me enfoco en una variedad de cristales y trato de ofrecerte una amplia gama de hechizos, desde liberarte de la adicción hasta ayudarte a entender tus sueños.

El capítulo 8 habla sobre hierbas y hechizos. Hay muchas formas en que puedes usar hierbas en tus hechizos. De hecho, las hierbas se utilizan en la mayoría de los hechizos, ya sea que las uses para vestir tu vela, colocarlas en una mezcla o crear un té a partir de ellas. Estos hechizos pueden ayudarte a proteger tu nuevo hogar, brindarte buena suerte mientras viajas y ayudarte a sanar tu dolor.

El capítulo 9 se centra en el uso de aceites esenciales en los hechizos. Por supuesto, puedes usar aceites en cualquier hechizo, solo quieres asegurarte de que estás utilizando aceites que se relacionen con el resultado que deseas. Cuando usas aceites esenciales, puedes concentrarte en cualquier tipo de hechizo, desde el amor hasta la suerte. También puedes buscar formas de combinar aceites esenciales para crear tu propia mezcla para usar en ciertos hechizos.

A través de este libro, podrás aprender una variedad de hechizos para ayudarte a lo largo de tu vida. No solo aprenderás cómo puedes ayudarte a ti mismo, sino cómo puedes ayudar a otras personas. Todos los hechizos dentro de este libro son adecuados para principiantes; sin embargo, cualquier persona interesada puede usar estos hechizos.

Capítulo 1: Hechos de Wicca

No voy a pasar mucho tiempo en este capítulo, ya que ya discutí gran parte de esto en mi libro anterior, Wicca Para Principiantes: El Libro de Hechizos y Rituales para que los Principiantes Aprendan Todo de la A a la Z. Brujería, Magia, Creencias, Historia y Hechizos. En este libro, discutí las bases de la Wicca, cómo configurar tu altar, afinar tu energía, herramientas wiccanas y los fundamentos de los hechizos. Este capítulo va a mirar más allá de esto. Va a abordar el "cómo hacer" hechizos wiccanos. En otras palabras, te llevará desde lo básico hasta cómo empezar a realizar el hechizo que has elegido.

Primero, como se discutió en el libro anterior, quieres asegurarte de protegerte, limpiarte y estar enraizado antes de avanzar. Si no has hecho esto, da un paso atrás y lee mi libro anterior, ya que allí se discutió cómo hacerlo en el último capítulo. Si has hecho esto y entiendes cómo hacerlo antes de cada hechizo, entonces puedes pasar a el "cómo" de los hechizos Wicca.

Cuando vayas a realizar tu hechizo, la seguridad es lo más importante. Siempre debes hacer el hechizo con mucho cuidado. Quieres asegurarte de tener el tiempo para energizar tus herramientas, realizar el hechizo y luego cerrarlo. Nunca quieres sentirte apresurado, ya que podrías omitir un paso o cometer un error.

Cuando encuentres que estás listo para realizar un hechizo, querrás asegurarte de comenzar pidiendo orientación. Una de las razones por las que haces esto es porque verás una imagen de un símbolo o tendrás la sensación de qué elementos deberías usar, como aire o agua. Sin embargo, también podrías recibir el consejo de no realizar el hechizo. Si esa es la sensación que tienes, entonces necesitas seguir este consejo. Puede que no sea el momento adecuado o que lo divino sienta que aún no estás listo para el hechizo específico. También existe la posibilidad de que necesites mirar otro hechizo. Pon tu confianza en los poderes superiores, ya que te ayudarán a guiarte en la dirección correcta.

Recuerda, cuando realizas un hechizo, estás accediendo a tu mente subconsciente e inconsciente. Esta es una de las principales razones por las que siempre quieres comprender lo que estás haciendo, entender las consecuencias y asegurarte de que estás siendo seguro. Cuando entras en tu mente inconsciente, estás excavando en partes de ti que no sabías que existían. No hay nada malvado acechando allí, pero hay partes de tu personalidad de las que no eres consciente. Al mismo tiempo, te encontrarás con emociones de las que no eres consciente sobre ciertos eventos o algo más. De hecho, esto es algo que puedes considerar cuando descubres que un hechizo no está funcionando como debería. Tu inconsciente está lleno de complicaciones que pueden interrumpir e influir en los hechizos que estás tratando de realizar. Por lo tanto, en lugar de frustrarte porque un hechizo no está funcionando, tómate el tiempo para aprender un poco sobre ti mismo para descubrir por qué no está funcionando.

Mientras quieras seguir los hechizos, no necesitas

usarlos como un guion. Si haces esto, podrías no permitir un espacio abierto para que lo divino se exprese. Piénsalo de esta manera: si necesitas un coche nuevo, no vas a pedir un coche específico, como un convertible. Vas a pedir cualquier vehículo que te lleve del punto A al punto B. Cuando permites que lo divino se exprese, puede ayudarte a crecer y aprender. Al final, confiarás en el universo para que te dé el resultado que funciona para ti en ese momento.

Directrices y consejos para un hechizo exitoso

Visualización

Es importante que puedas visualizar claramente el resultado que deseas. Por lo tanto, antes de comenzar a lanzar un hechizo, quieres aprender a dar imágenes claras de tu resultado. Este resultado es la imagen en la que pensarás a lo largo del hechizo. Es la que visualizarás desde el principio. De hecho, podrías comenzar a visualizar esta imagen mientras tus velas, cristales y otras herramientas están cargando su energía para el hechizo.

Para ayudarte a aprender a visualizar objetos, aquí hay un ejercicio simple que puedes usar como guía:

1. Encuentra un objeto que desees visualizar. Puedes elegir cualquier objeto, desde un jarrón hasta una roca. No tienes que elegir algo que tenga algún tipo de conexión emocional contigo.

2. Relaja tu cuerpo y comienza a respirar lentamente.

3. Tómate unos minutos para centrarte en el objeto. No necesitas recogerlo ni tocarlo. Simplemente permite que tus ojos y tu mente se concentren en la imagen tal como la ves desde donde estás.

4. Cierra los ojos y ve la imagen a través del ojo de tu mente. Piensa en los diseños del objeto, su forma, colores y cualquier otra cosa. Haz que la imagen en el ojo de tu mente sea tan detallada como puedas.

5. Después de un par de minutos, abre los ojos y mira el objeto. Compara el objeto físico con la imagen que creaste en tu mente. ¿Notas alguna diferencia?

6. Tómate un par de minutos y mira el objeto nuevamente, luego cierra los ojos y repite el ejercicio unas cuantas veces más.

7. Cuando sientas que tus imágenes coinciden con el objeto, coloca el objeto en un lugar donde no puedas verlo y continúa visualizando el objeto en tu mente.

Libera tu mente

Siempre es importante despejar tu mente o darte un sentido de calma antes de realizar un hechizo. No solo despejar tu mente ayudará con tu enfoque, sino que también te ayudará a liberar más fácilmente cualquier energía negativa.

Una de las mejores maneras de despejar la mente es a través de la meditación. A menos que lo desees, no tienes que sentarte o acostarte para meditar. Puedes hacerlo de pie frente a tu altar o encontrando cualquier lugar donde te sientas cómodo.

Cuando meditas, quieres concentrarte en tu respiración, en música tranquila o en el silencio de tu espacio. Quieres visualizar que todo el estrés que está nublando tu mente está saliendo de tu cuerpo.

Otra forma de despejar la mente es tomando varias respiraciones lentas y profundas. Puedes combinar esto con tu meditación. El enfoque es visualizar toda la negatividad y el estrés saliendo de tu cuerpo al exhalar y la calma entrando en tu cuerpo al inhalar. A algunas personas les gusta visualizar palabras clave de situaciones que son estresantes para ellas saliendo de su mente y cuerpo al exhalar.

Quieres concentrarte en despejar tu mente hasta que te sientas relajado y sereno. Quieres que una sensación general de felicidad te invada.

Recuerda la importancia de la positividad.

A medida que comiences a leer y lanzar conjuros, descubrirás que todos se centran en asegurarte de que estás expulsando la energía negativa de tu cuerpo y atrayendo la energía positiva. Es importante recordar concentrarse en este paso para que los conjuros funcionen. Si lanzas un conjuro y aún retienes mucha energía negativa, el conjuro podría salir mal.

Al mismo tiempo, también necesitas darte cuenta de que puede que no seas capaz de liberar toda la energía negativa de una vez. Si bien comenzarás a sentirte más ligero casi inmediatamente después de realizar el hechizo, podría haber más negatividad dentro de tu mente subconsciente de lo que podrías llegar a darte cuenta. Por lo tanto, podrías encontrarte tomando unas semanas para sentir completamente los efectos del hechizo. También podrías necesitar repetir el hechizo unas semanas después. Haces lo que necesitas hacer para liberar la negatividad dentro de ti. Después de todo, cuanto más negatividad liberes, más espacio tendrás para la positividad.

Capítulo 2: Advertencias para Nuevos Principiantes

Antes de adentrarte demasiado en los hechizos wiccanos, necesitas entender que hay advertencias cuando se trata de hechizos. Los hechizos wiccanos pueden volverse peligrosos, pero solo si se lo permites. Cuando se trata de realizar hechizos, puedes establecer el ambiente. Por ejemplo, si quieres hacer algo para vengarte de alguien, podrás encontrar un hechizo para eso en algún lugar. Sin embargo, esto no es de lo que tratan los hechizos wiccanos. Se trata de ayudarte a ti y a otras personas. Te ayudarán con tus relaciones, salud, encontrar prosperidad y tranquilidad.

Necesitas entender que este capítulo no está aquí para intentar asustarte. Está aquí para hacerte consciente de lo que hay allá afuera y de lo que puede salir mal. Hay una razón por la que necesitas entender los hechizos, asegurarte de agradecer a todos y a todo lo que te ayuda, y cerrar tus hechizos. Hay una razón por la que necesitas investigar antes de comenzar a realizar cualquier hechizo. Hay una razón por la que necesitas recargar energía para ti mismo, tus velas, tus cristales y otras herramientas para tus hechizos. Este capítulo está aquí para ayudarte a darte cuenta de qué ciertas pautas existen para que no te encuentres atrapado de ninguna manera.

El mal existe en este mundo.

Cuando se trata de este mundo, hay muchas formas de bien y hay muchas formas de mal. Hay personas malas así como hay personas buenas. También hay entidades malas, así como hay entidades buenas. En general, la gente se refiere a estas entidades malignas como demonios o espíritus malignos. Estas entidades malignas traen negatividad al mundo. Son muy fuertes y tienden a alimentarse de nuestras emociones negativas. Cuando mires los docenas de hechizos dentro de este libro, notarás que trabajan para traer formas de paz y positividad a tu vida. Estas son las emociones que el mal intenta quitar. Hacen esto enfocándose en tus puntos débiles y bajando tus defensas.

Esta es una razón por la que necesitas asegurarte de tomar precauciones antes de comenzar tu hechizo y luego usar tu ritual de cierre. Esto ayudará a protegerte a ti y a los que te rodean de las entidades malignas.

Puedes abusar de tu don

Pasas meses aprendiendo sobre Wicca y cómo realizar hechizos. Haces semanas de investigación y luego comienzas a practicar. Incluso podrías encontrar ayuda de un mentor o unirte a un par de redes sociales que te permitan hablar con otros wiccanos. Notas mejoras en tu vida desde el primer hechizo que realizas. Comienzas a creer en tu don. Pronto, comienzas a creer que eres uno de los mejores.

Aunque eres una persona increíble, es importante no dejar que tu ego crezca demasiado. Esto puede llevarte a abusar de tu don, ya que te hace creer que eres más poderoso que las personas que te rodean. Esto puede llevarte a tomar malas decisiones, cometer errores o no pensar bien un hechizo.

Una forma de ayudar para que no caigas en la trampa del poder es siempre agradecer al universo o a las fuerzas superiores en las que crees por tu don. Ellos son quienes te permitieron tener este don. Ellos son quienes te permitieron construir tu don. Sin ellos, no tendrías este increíble don. No habrías podido aprender el arte de lanzar hechizos.

Otra forma de ayudar es asegurarte de agradecer siempre a los poderes que te ayudan con tu hechizo. Por ejemplo, si necesitas la luz del sol, agradece al sol al final de tu hechizo. Sin estos poderes naturales, no podrías completar el hechizo con éxito. Nunca olvides a nadie ni a nada que te ayude a través de tus hechizos.

Siempre Conoce Tus Consecuencias

La magia es una forma de arte. La magia también es tan impredecible como el clima. Tómate un momento para pensar en la última vez que estuviste bajo una advertencia de tormenta severa. El radar mostró que venía una tormenta en tu dirección que produciría vientos fuertes, fuertes lluvias, granizo y posiblemente un tornado. El meteorólogo indica que estará cerca de tu área en 10 minutos. Empiezas a prepararte reuniendo los objetos que necesitas y te diriges a una zona segura en tu casa, como una habitación sin ventanas o un sótano. A medida que escuchas comenzar la lluvia, oyes al meteorólogo decir que la tormenta está comenzando a debilitarse. Ya no es tan fuerte como lo era y se mantiene al sur de tu hogar, a unas dos millas.

Este es un ejemplo de lo impredecible que puede ser la magia. Por lo tanto, necesitas asegurarte de investigar y entender el hechizo que vas a realizar. Debes asegurarte de conocer las consecuencias, como lo que sucederá si el hechizo funciona y lo que sucederá si algo sale mal. Siempre debes recordar que apenas estás aprendiendo la forma de arte, lo que significa que puedes cometer errores. De hecho, incluso las personas que han utilizado la magia durante décadas aún pueden cometer errores. Siempre quieres ser cuidadoso y entender qué hechizo estás realizando. Si necesitas ayuda, encuentra un grupo en redes sociales, un mentor o alguien más que pueda guiarte. Nunca hay nada de malo en pedir ayuda cuando lo necesitas.

No escuches los mitos

Hay muchos mitos que rodean a la Wicca y la magia. Estos son mitos que la gente ha creado a lo largo de los siglos por miedo, malentendidos e ideas erróneas. Desafortunadamente, muchas personas tomarán los mitos como verdad porque no quieren tomarse el tiempo para entender, es lo que han creído toda su vida, o por muchas otras razones. Esta es una de las razones por las que es importante investigar. Necesitas asegurarte de entender todo, incluidos los mitos.

Por ejemplo, uno de los mitos más antiguos y comunes es que todo lo relacionado con los hechizos es malo. Hay muchas maneras en que la gente ha expresado esto a lo largo de los años. Algunos dicen que lanzar hechizos es malo, que las brujas son malas, y algunos incluso dicen que los wiccanos son malos. Por supuesto, nada de esto es cierto. Afortunadamente, esta creencia está empezando a desaparecer a medida que las personas comienzan a entender la práctica cada vez más. Por ejemplo, más personas hoy en día se dan cuenta de que los wiccanos intentan ayudar a las personas con su magia y sus hechizos. No quieren dañar a nadie, ya que esta no es su misión.

Nunca Dejes una Vela Desatendida

Muchos hechizos requieren que dejes que la vela se consuma por completo. Esto significa que no apagarás la vela cuando hayas terminado con el hechizo. Cuando hagas esto, siempre debes asegurarte de no dejar la vela desatendida. Quieres asegurarte de estar cerca o poder mantener un ojo en la vela. Además, quieres tomar todas las precauciones posibles para eliminar cualquier riesgo de incendio. Por ejemplo, no permitas que nada esté cerca de la llama, especialmente niños o mascotas. Asegúrate de que la llama tenga mucho espacio y no pueda tocar ningún tipo de objeto. Esto incluye estar demasiado cerca como para derretir un objeto.

Hierbas y Hechizos

El capítulo 8 está dedicado a usar hierbas en tus hechizos. Es importante recordar que siempre debes estar seguro cuando uses hierbas. Mientras que hay algunas hierbas que son saludables para que las ingieras, hay otras que son tóxicas. Por lo tanto, al usar hierbas para hechizos, nunca querrás ingerirlas en tu cuerpo, a menos que conozcas la hierba y lo que puede hacerle a tu cuerpo. Además, si estás embarazada, querrás discutir el uso de cualquier hierba con tu médico.

Aceites Esenciales y Hechizos

Hay una serie de hechizos que utilizan aceites esenciales. De hecho, el capítulo 9 está dedicado al uso de aceites esenciales en tus hechizos. Siempre que uses aceites, necesitas usar una pequeña cantidad y tener mucho cuidado. Los aceites son inflamables, lo que puede representar un riesgo de quemaduras si no tienes cuidado al mezclar aceites esenciales y velas en tus hechizos.

La seguridad siempre es lo primero

Sobre todo, siempre debes asegurarte de que la seguridad sea lo primero. No importa qué hechizo estés haciendo, si sientes que alguien podría estar en peligro porque tienes niños en la casa o mascotas corriendo alrededor en ese momento, espera para realizar tu hechizo. Permite que tu vela, hierbas y cristales se energicen y luego realiza el hechizo cuando sepas que las condiciones son seguras. Siempre recuerda la seguridad para ti mismo, para todos a tu alrededor y para tu entorno.

Capítulo 3: Hechizos de Bienestar

Hay varios tipos de curación en este mundo. No solo necesitas dejar que tu cuerpo sane cuando recibes un corte, un hueso roto o una fractura, sino que también necesitas tomarte un tiempo para sanar tu mente y emociones. Con demasiada frecuencia, las personas rechazan sus emociones, ya que sienten que eventualmente superarán la situación. Esta es una de las principales razones por las que las personas sienten la necesidad de usar conjuros de curación. Después de todo, solo puedes reprimir tus emociones hasta cierto punto antes de que se vuelvan demasiado difíciles de soportar.

Cuando aprendes hechizos wiccanos, encontrarás que la mayoría de ellos te piden que aclares tu mente o medites antes de comenzar el hechizo. Esto se debe a que tu bienestar es una de las piezas más importantes de un hechizo exitoso. Necesitas ser capaz de pensar con claridad y positividad para obtener los resultados positivos que deseas. Sin embargo, a veces necesitarás un poco de ayuda para lograrlo, y es entonces cuando los hechizos de sanación se convierten en una parte importante de tu tiempo.

Antes de profundizar en este capítulo, quiero tomar un momento para afirmar que nunca debes usar ningún tipo de hechizo en lugar de atención médica y consejos. Si necesitas visitar a tu médico porque estás físicamente herido, deprimido, ansioso o sufriendo mental o emocionalmente de alguna manera, entonces necesitas ver a tu médico de atención primaria o terapeuta. A veces, este es el paso que necesitamos dar para lograr volver a equilibrarnos.

Un hechizo para liberar cualquier energía negativa

Puedes encontrar energía negativa en cualquier lugar. Esta energía puede adjuntarse a ti sin que te des cuenta. De hecho, si eres un empático o una persona altamente sensible, es más probable que sientas las emociones de otras personas. Es importante entender que cuando te sientes negativo, esto va a afectar tu bienestar físico. Puedes empezar a sentirte físicamente enfermo si no encuentras una manera de liberar la energía negativa dentro de ti. Aunque hay muchas maneras de hacer esto, una forma es utilizar un hechizo para ayudar a liberar cualquier energía negativa acumulada.

Cuando se trata de los ingredientes de este hechizo, solo necesitas un espacio y una vela roja. Por supuesto, también puedes preparar tu vela con hierbas o aceites esenciales si sientes la necesidad.

1. Querrás comenzar despejando tu mente a través de una forma de meditación. Sin embargo, en lugar de cerrar los ojos, querrás encender la vela y concentrarte en la llama de la vela. Harás esto porque la llama de la vela no solo te ayudará a concentrarte, sino que te dará el poder para superar la energía negativa dentro de ti.

2. Una vez que te hayas concentrado en la llama, puedes decir las siguientes palabras o palabras similares:

"Cualquier energía que ya no me sea útil, ahora te estoy enviando de regreso a casa. Gracias por tu presencia, pero por favor vete ahora."

Quieres asegurarte de que digas estas palabras con convicción. Quieres hacer que las energías negativas que ya no necesitas crean que es hora de abandonar tu alma.

3. Necesitarás repetir las palabras algunas veces. Mientras haces esto, también puedes imaginar la negatividad saliendo de tu cuerpo e incluso saliendo de tu hogar a través de una ventana o la puerta.

4. A medida que continúes diciendo las palabras, te sentirás más ligero. También descubrirás que te sientes más positivo. Una vez que sientas que la negatividad se ha ido, puedes apagar la llama.

Un Hechizo de Sanación

Este es un hechizo general de sanación que puedes usar para ayudar a otras personas a sanar. Antes de realizar el hechizo, querrás explicar lo que harás que la persona haga. También querrás explicarles el hechizo, siempre y cuando nunca hayan usado este hechizo antes.

1. Antes de comenzar, necesitas asegurarte de que tienes la mente clara.

2. Comienza por hacer que la persona se relaje. También quieres que se concentre en aclarar su mente, lo que puede hacer a través de la meditación o simplemente respirando profundamente durante un par de minutos. Asegúrate de ayudar a tu paciente, si necesita ayuda para relajarse.

3. Comenzarás a notar que cuanto más relajados estén tú y tu paciente, más positivos se sentirán. Es en este momento cuando empezarás a notar que los espíritus y poderes superiores están ayudándote a ti y a tu paciente a sanar.

4. Pida a su paciente que comience a hablar sobre todas las situaciones positivas en su vida. Pueden discutir su relación, carrera o cualquier otra cosa. Cualquier evento feliz y positivo que les venga a la mente es lo que discutirán. El punto es que estos eventos deben estar sucediendo en la vida de su paciente en este momento. No deben ser eventos pasados ni nada que estén esperando con ansias.

5. Anime a su paciente a cerrar los ojos mientras usted hace lo mismo. En este momento, desea continuar enfocándose en los poderes curativos que los espíritus están trayendo a la habitación. Agradezca a los espíritus por su presencia y pídales que lo ayuden a usted y a su paciente a sanar.

6. A medida que tu paciente continúa enfocándose en los aspectos positivos de su vida, discute en voz baja los factores que el paciente tiene y que necesitan sanación. No dejes que el paciente te escuche mencionar estos factores a los espíritus sanadores en la habitación. Sin embargo, quieres asegurarte de que estos espíritus sean conscientes de los problemas de tu paciente que les están afectando.

7. Si conoces algún hechizo protector, puedes recitar un hechizo mientras visualizas una luz de protección rodeando a tu paciente.

Trayendo Paz y Armonía a un Espacio Infectado

Un factor en el que muchas personas no piensan cuando están tratando de sanar es su entorno. Cuando traemos armonía a nuestra atmósfera, es más probable que sanemos por completo. Además, nuestra sanación física puede acelerarse cuando nuestro entorno está en paz. Este hechizo se puede usar en espacios interiores y exteriores. Sin embargo, debes darte cuenta de que cuando usas este hechizo al aire libre, estará limitado a tu poder y al poder dentro del hechizo. Por lo tanto, quieres realizar el hechizo dentro del área exterior en la que deseas concentrarte.

Los ingredientes que necesitarás para este hechizo son romero, tomillo y canela. También querrás tierra. Para obtener el mayor poder, querrás conseguir plantas de estas hierbas. Sin embargo, si las plantas no están disponibles, entonces puedes usar hierbas secas.

1. Quieres asegurarte de que puedes alcanzar la tierra con ambas manos. Si tienes plantas, coloca las macetas en una línea frente a ti.

2. Coloca tuspalmas sobre cada una de las hierbas secas o plantas y di las siguientes palabras o palabras similares:

"Armonía y equilibrio, facilidad y paz. Por el poder de tres, la turbulencia cesará."

3. Mientras dices estas palabras, visualiza la energía pacífica que proviene de ellas, hacia tus palmas, y luego hacia las plantas o las hierbas secas. Quieres imaginar un flujo fácil de energía.

4. Coloca las plantas o las hierbas secas en el espacio que deseas sanar.

El hechizo continuará funcionando en el área mientras las plantas estén saludables. Por supuesto, querrás asegurarte de tomarte el tiempo para reforzar las energías, ya que esto ayudará aún más al espacio a mantener la paz.

Hechizo de Salud y Bienestar

Este hechizo es un hechizo general para ayudar a mejorar tu bienestar. Nuevamente, es importante que recuerdes que ninguno de estos hechizos está destinado a reemplazar a un médico.

Los ingredientes para este hechizo son romero, sándalo, enebro, miel, una vela verde, una vela amarilla, un tarro vacío, cinta amarilla y sal marina.

1. Toma un baño curativo o consigue un cuenco para llenarlo con agua sanadora donde puedas lavarte las manos y la cara.

2. Añade la sal marina, el romero, el enebro y la madera de sándalo a tu agua.

3. Mientras el agua está corriendo, di las siguientes palabras o similares:

"Otorga poderes curativos a esta agua. Trae bienestar, salud y vitalidad. Limpiaré y atraeré positividad hacia mí."

4. Mientras te sumerges en el agua, visualiza los poderes curativos entrando en tu cuerpo. Una vez que hayas terminado, dirígete a tu altar o espacio sagrado.

5. Haz tu círculo y llama a los poderes curativos, particularmente de la Tierra.

6. Enciende la vela verde y amarilla. Al hacerlo, di las siguientes o palabras similares:

"Luz de sanación, bendice este trabajo."

7. En el tarro vacío, añade el romero, tres cucharadas de miel, sal marina, aceite esencial de sándalo y aceite esencial de enebro. Asegúrate de tener suficiente miel, ya que este es el símbolo de los poderes curativos.

8. Vierte unas gotas de cera de las velas amarillas y verdes. Mientras haces esto, di las siguientes palabras o similares:

"Sanando la tierra, la luz y las abejas, deja que la energía sanadora fluya a través de mí."

9. En el sentido de las agujas del reloj, revuelve lentamente la mezcla. Concédele importancia a las energías sanadoras mientras comienzan a fluir a través de tu cuerpo. Pueden comenzar en tus manos a medida que provienen del tarro, subir a tus hombros, a tu pecho y luego extenderse a otras áreas de tu cuerpo. Tómate el tiempo para visualizar la energía sanadora fluyendo a través de ti.

10. Coloca la tapa en el frasco y ata una cinta amarilla alrededor. Deberías hacer un lazo con la cinta.

11. Asegúrate de agradecer a la energía sanadora y a la Tierra por su asistencia en este hechizo. Puedes apagar las velas o dejar que se apaguen solas.

Mantén el frasco en tu hogar o contigo durante unos días. Una vez que sientas que la energía curativa comienza a funcionar, puedes descartar la mezcla vertiéndola en la tierra. Debes hacer esto cerca de tu hogar para que puedas seguir sintiendo cómo la energía actúa.

Un hechizo para ayudarnos a limpiar y purificar

A veces nos encontramos sintiéndonos mal porque no hemos tomado el tiempo para limpiar y purificar nuestros cuerpos. Esto es necesario, ya que a menudo llevamos emociones negativas dentro de nosotros. La mayoría de las veces, no notamos estas emociones hasta que comienzan a convertirse en un problema. Al tomarte el tiempo para limpiarte y purificarte de vez en cuando, estás eliminando la negatividad de tu alma, lo que puede ayudarte a mantenerte saludable y feliz. Es importante señalar que puedes usar este hechizo en ti mismo o en tu espacio vital.

Los ingredientes para este hechizo son un bolígrafo o marcador plateado, una vela blanca, una vela azul, una piedra que hayas recogido de la costa, incienso de sándalo y un cristal de tu elección.

Para obtener los mejores resultados, debes realizar este hechizo durante la luna llena. Si no puedes ir al mar a recoger una roca o un guijarro, puedes encontrar otro en la naturaleza. Podrías encontrar uno en el campo junto a un lago o en otro entorno tranquilo.

1. Si puedes visitar el mar antes de realizar este hechizo, querrás asegurarte de notar las olas y los sonidos del océano. Tómate el tiempo para oler el aire y honrar la increíble fuente de la naturaleza.

2. Traza un círculo en el espacio que has elegido.

3. Enciende el sándalo y permite que el olor llene tu espacio.

4. Toma tu roca o piedra del mar y colócala entre las palmas de tus manos. Tómate un tiempo para despejar tu mente mientras sientes el océano o los sonidos de la naturaleza de donde recogiste la roca.

5. Visualiza que la energía de esta roca está eliminando cualquier energía negativa de tu cuerpo. La roca está comenzando a limpiarte y purificarte. Mientras visualizas las olas del océano o escuchas los sonidos de la naturaleza, di estas palabras o similares:

"Diosa del mar, gracias por tu belleza y abundancia. Permite que tus olas me cubran mientras limpian mi cuerpo y alma. Trae tu protección para cubrirme. Permite que tus poderes sanadores fluyan a través de mí. Para el mejor bien. Así sea."

6. Tómate un tiempo para sentir la naturaleza y a ti mismo convirtiéndose en uno.

7. Cuando sientas que esta conexión es fuerte, toma tu marcador plateado y dibuja un pentáculo en la roca.

8. Agradece a la naturaleza, al mar y a los poderes que te ayudaron con este hechizo.

9. Coloca tu piedra en un lugar seguro. Utilizarás esta piedra para meditar cada vez que sientas que necesitas limpiarte y purificarte.

Capítulo 4: Hechizos de Amor

Los hechizos de amor y relaciones son probablemente algunos de los hechizos más populares en los que la gente piensa. De hecho, estos son algunos de los primeros hechizos que los principiantes lanzan. Un factor importante a recordar es que algunos hechizos de relaciones y amor se centran en los eventos que pueden tener lugar para hacer que el amor entre tú y tu ser querido crezca más fuerte, mientras que otros hechizos se centran en características de personalidad. Cuando un hechizo te dice que te concentres en uno u otro, debes seguir lo que el hechizo indica. Por ejemplo, si debes concentrarte en cómo crear un vínculo más fuerte entre tú y tu ser querido, no debes centrarte en cómo pueden cambiar su personalidad para adaptarse a ti. Esto puede hacer que el hechizo salga mal.

Un hechizo para sanar una relación fracturada

Cuando buscas sumergirte en hechizos de relación wiccanos, los mejores para empezar son aquellos que se centran en tu relación actual. Este hechizo es excelente para personas que sienten que su relación actual es complicada.

Los ingredientes para este hechizo incluyen un cuenco resistente al fuego, una vela rosa, una vela blanca, un encendedor o fósforos, un hilo largo cortado en dos piezas, papel y un utensilio de escritura.

1. Toma tu papel y escribe dos letras que correspondan a los poderes superiores a los que estás llamando para ayudar con este hechizo.

2. En la primera carta, querrás escribir sobre los problemas que tienes en tu relación actual. Cualquier cosa que haya causado que tú y tu pareja discutan o estén en desacuerdo es importante. También puedes hablar sobre cualquier evento que te haya lastimado emocional o mentalmente. Quieres asegurarte de discutir todo, sin importar cuán doloroso sea para ti. Cuanta más emoción pongas en la carta, más fuerte será el hechizo.

3. En la segunda carta, escribirás sobre cómo deseas abordar y reparar estos problemas. Discutirás tus ideas sobre cómo establecer un mejor vínculo entre tú y tu pareja. Profundiza en tu imaginación mientras discutes las formas en las que resolverás las discusiones. Una vez que hayas terminado de escribir esta carta, tómate un momento para reflexionar. Nota cualquier cambio en tus energías mientras los poderes superiores ya han comenzado a ayudarte.

4. En este hechizo, la vela blanca se utiliza como símbolo de paz y la vela rosa como símbolo de amor. Encenderás ambas velas mientras sostienes las cartas en tu mano.

5. Toma tu primera carta y colócala en el tazón a prueba de fuego.

6. Usa los fósforos o el encendedor para prenderle fuego a la carta. Observa cómo se eleva el humo de la carta. Esta es una forma de liberar la tensión de la negatividad que ha llenado tu relación. Mientras observas cómo sube el humo, di estas palabras o palabras similares:

"Llamas sagradas, alejen estas energías negativas. Permitan que mi relación comience de nuevo hoy."

7. Relee la segunda carta para crear una visualización clara del proceso que vas a poner en acción.

8. Toma las dos piezas de hilo y átalas juntas firmemente. Tira de ambos lados del hilo para asegurarte de que el nudo no se deshaga. Este es un símbolo de tu relación.

9. Doble la segunda carta por la mitad dos veces.

10. Envuelve la cuerda alrededor de la letra. Al hacerlo, di estas palabras o similares:

"Diosa y Dios arriba, permítanme a mí y a mi amor reunirnos. Traigan paz y armonía amorosa a nuestras vidas a medida que nuestro vínculo crece."

11. Lleva tanto la carta quemada como la segunda carta afuera y encuentra un árbol. Querrás encontrar un árbol que te atraiga a través de tus energías. Una vez que encuentres este árbol, cava un pequeño hoyo y entierra las cartas frente al árbol. Comenzarás a notar que tu relación se vuelve más positiva a medida que las cartas comienzan a mezclarse con la tierra.

Baño ritual de cita a ciegas

A veces, uno de los momentos más ansiosos es cuando estás a punto de salir en una cita a ciegas. Estos momentos hacen que muchas personas se sientan preocupadas, porque no sabes nada sobre la persona. Si bien generalmente te presentan a través de un amigo en común, esto no siempre alivia las preocupaciones. Por lo tanto, es posible que quieras participar en un hechizo antes de salir en una cita a ciegas. Con este hechizo, te asegurarás de que te diviertas, ya que tu autoconfianza y tus creencias en asegurarte de tener una gran noche aumentarán.

Los ingredientes para este hechizo son una cucharada de manzanilla, una cucharada de hibisco, una cucharada de trébol rojo, un trozo de citrino, velas para la atmósfera, tres cucharadas de sal marina y cinco gotas de aceite esencial de lavanda. También puedes usar menos ingredientes usando cucharaditas en lugar de cucharadas.

1. Cuando la bañera esté a un cuarto de su capacidad llena de agua, echa la sal marina.

2. Cuando la bañera esté a medio llenar, agrega el aceite esencial y el cristal.

3. Cuando estés a punto de cerrar el agua, añade las hierbas.

4. Enciende tus velas y apaga cualquier otra iluminación antes de meterte en la bañera.

5. Mientras te sientas en la bañera, querrás relajarte y

luego soltar tus ansiedades sobre conocer a tu cita a ciegas.

6. Relájate en la bañera durante unos 20 a 25 minutos. Sigue sentado allí mientras drenas el agua, porque esto aumentará la potencia del aceite esencial y las hierbas.

7. Saca tu cristal de la bañera y llévalo contigo en tu cita a ciegas.

Nuevo Hechizo de Amistades

Hay más en los hechizos de amor que solo intereses románticos. Esto se debe a que existen diferentes formas de amor. Está el amor entre tú y tu pareja, y está el amor entre tú y tus amigos. Por lo tanto, también puedes usar hechizos de amor para fortalecer tus amistades o crear nuevas amistades, que es lo que este hechizo pretende hacer. No importa si te has mudado recientemente a una nueva área o si solo necesitas nuevos amigos, este hechizo puede ayudarte a lograrlo.

La mayoría de la gente dice que el mejor momento para lanzar este hechizo es durante la luna creciente. Sin embargo, como todos los otros hechizos, puedes realizarlo en cualquier momento. Los ingredientes que necesitarás para este hechizo son un pequeño cuarzo rosa, aceite esencial de lavanda y una vela amarilla para hechizos.

1. Frota aceite esencial alrededor de los lados de la vela.

2. Coloca la piedra en tu mano dominante. Esto

significa que, si escribes con la mano derecha, coloca la piedra en esta mano. Coloca tu otra mano encima de la piedra.

3. Junta tus manos y cierra los ojos. Tómate unos minutos para visualizar a personas positivas a tu alrededor divirtiéndose.

4. Una vez que tengas la sensación de confort y diversión, toma una respiración profunda y abre los ojos.

5. Coloca la piedra frente a la vela.

6. Enciende la vela mientras dices estas palabras o similares:

"Amistades verdaderas y nuevas, que nuestras almas afines se encuentren."

7. Coloca la piedra en un lugar determinado de tu hogar donde la veas a menudo. Recuerda tomar la piedra cada vez que salgas de tu hogar.

Hechizo para Liberar Ataduras Negativas

A veces nos encontramos y comenzamos una relación con la persona equivocada. Aunque la relación terminará, aún llevas emociones negativas y ataduras de la relación. Esto a menudo se refiere como "equipaje" y es algo que puede causar problemas en tus futuras relaciones. Además, seguir cargando estas emociones negativas no va a ayudar tu estado mental ni tu bienestar general. Por lo tanto, siempre es mejor hacer lo que puedas para liberar cualquier negatividad de una relación. Esto incluye cualquier amistad que termine mal.

Es importante señalar que este hechizo no está destinado a quitarte toda tu negatividad de inmediato. A menudo, esto es algo que toma tiempo. El verdadero objetivo de este hechizo es evitar que te enfoques en lo negativo, lo que te ayudará a superar todo y liberar este tipo de energía. No importa si la otra persona sigue intentando alcanzarte o causar problemas. Este hechizo se volverá más poderoso que cualquier cosa que puedan hacer para intentar derribarte.

Antes de comenzar este hechizo, es importante tener en cuenta que debes centrar tu energía en ti mismo y no en la otra persona. Necesitas reconstruir tu propia energía positiva para superar cualquier situación negativa.

Los ingredientes que necesitarás para este hechizo son un trozo de papel de 1 pulgada por 7 pulgadas, una vela negra, un utensilio para escribir, más papel, incienso de sándalo o salvia, y un plato a prueba de fuego.

1. Enciende el incienso.

2. Toma las grandes hojas de papel y comienza a escribir libremente. Asegúrate de no profundizar en la negatividad que rodea la situación, sino en el asunto completo. Tu plan es eliminar los pensamientos de tu mente, para que puedas concentrarte en pensamientos más positivos.

3. Toma el trozo más pequeño de papel y escribe el nombre de la persona en la que te estás enfocando. También escribirás una frase que discuta el resumen del conflicto.

4. Enrolla el papel como lo harías con un pergamino suelto.

5. Al encender la vela, respira hondo una o dos veces y di las siguientes palabras o similares:

"Esta noche, con esta vela, dejo ir mi necesidad de tener razón. Dentro de este espacio abierto, lleno de paz sanadora."

6. Enciende el pergamino y colócalo en el tazón a prueba de fuego. Deja que el humo se eleve del tazón.

7. Deja que la vela se apague por sí sola para obtener los mejores resultados. Sin embargo, puedes extinguir la vela si no puedes supervisarla.

8. Una vez que las cenizas se hayan enfriado, puedes arrojarlas afuera para unirte con la tierra. Usa estas cenizas para visualizar cómo estás liberando los

apegos negativos cada vez que te encuentras replanteando estos apegos.

Conjura un Hechizo de Interés Romántico

Hay alguien ahí fuera para ti, y este hechizo te ayudará a encontrar a esa persona. Este no es un hechizo que traerá amor a la relación; sin embargo, atraerá a un compañero interesado donde el amor entre los dos puede florecer.

Muchas personas creen que el mejor momento para lanzar este hechizo es la semana después de una luna llena. Los ingredientes para este hechizo son una vela roja, tres velas blancas, pétalos de una rosa roja y un vaso de té de menta preparado.

1. Toma las tres velas blancas y forma un triángulo frente a ti. Asegúrate de que la base del triángulo esté más cerca de ti.

2. Coloca la vela roja en el centro del triángulo.

3. No enciendas las velas, ya que quieres esparcir los pétalos de rosa alrededor de las velas. Al estar esparciendo los pétalos alrededor del triángulo, di lo siguiente o palabras similares:

"Diosa del amor, te invoco. Diosa del amor, te invoco. Por favor, ayúdame a encontrar a mi alma gemela. Diosa del amor, te invoco para poder curar mi soledad. Tal es mi voluntad."

4. Enciende las velas, comenzando con la vela blanca a

tu izquierda, luego el punto del triángulo y luego la base derecha. A continuación, encenderás la vela roja.

5. Bebe tu té. A medida que sientes el té fluir por tu garganta, piensa en el calor que trae el té. Visualiza este calor convirtiéndose en energía dentro de ti. Una vez que hayas terminado el té, coloca la taza a un lado.

6. Apaga las velas, comenzando por la parte inferior derecha en la base de la vela y ve en la dirección opuesta a la que las encendiste. Apaga la vela roja al final.

7. Recoge los pétalos de rosa y colócalos en un recipiente. Estos pétalos ahora están energizados y te serán útiles para llevar contigo o para guardarlos de manera segura en tu hogar. Guarda los pétalos durante al menos una semana.

8. Una vez que la semana haya terminado, encuentra agua corriente, como un río o un arroyo, y coloca los pétalos dentro del agua y observa cómo los pétalos flotan.

Capítulo 5: Hechizos de Riqueza

Todos tenemos sueños y metas. Todos queremos una vida en la que no tengamos que vivir de cheque en cheque. Queremos sentirnos financieramente seguros y poder destinar dinero al ahorro, la inversión o la jubilación. A veces nos encontramos deseando un mejor vehículo, hogar o posesiones más agradables. Aunque estos deseos son parte de ser humano, no quieres enfocarte en esto cuando estás realizando estos hechizos. Nunca deseas abusar de los poderes que te han sido otorgados por el universo o una fuerza superior.

Estos hechizos están destinados a mejorar tu vida y bienestar. También es importante recordar que hay muchos tipos de abundancia y riqueza. Si bien a menudo pensamos en el dinero, también hay abundancia y riqueza en el amor, la familia, los amigos y las emociones positivas. Hay riqueza en una mentalidad positiva. Hay hechizos que se enfocarán en darte más riqueza financiera, y también hay hechizos que te harán darte cuenta de que vales lo que se te ha dado en tu vida. Esta mentalidad es más importante que cualquier cantidad de dinero. Por lo tanto, si sientes que estás luchando con tu mentalidad, este hechizo te ayudará a atravesar este tiempo difícil.

Hechizo de Prosperidad con Diente de León

Mientras la mayoría de las personas se cansan de los dientes de león, hay un gran simbolismo en esta parte de la naturaleza. En lugar de segar los dientes de león en tu jardín, tómate un momento para enfocarte en lo hermosos que se ven. El amarillo simboliza el sol y el fuego, ya que el nombre "león" es un símbolo de fuerza. Una vez que tu diente de león ha pasado a su fase de bola de algodón, las semillas simbolizan nuestras intenciones llevadas por el viento. El tallo del diente de león se puede usar para hacer un té curativo.

Los ingredientes que necesitarás para este hechizo son un diente de león en flor, un cristal de citrino, un utensilio de escritura, papel y un vaso. Este hechizo se realiza mejor cuando el sol brilla intensamente afuera. Sin embargo, si necesitas realizar el hechizo y es un día nublado o invernal, querrás encender una vela amarilla y blanca para representar al Sol y su calidez.

1. Traza tu círculo o visualiza una luz blanca brillante a tu alrededor.

2. Toma el diente de león y colócalo en tu vaso, que luego llenarás con agua limpia.

3. Si cabe, coloca tu cristal en tu vaso. Si no cabe, colócalo junto al vaso o en algún lugar a tu lado.

4. Concéntrate en tu trabajo y escribe las siguientes palabras o similares:

"Deseo añadir más prosperidad a mi vida."

Puedes entonces enfocarte en las áreas a las que deseas que la prosperidad fluya. Por ejemplo, podrías desear traer más compasión a tu relación o podrías desear traer más felicidad a tu carrera.

5. Enfoca tu atención en tu diente de león. Visualiza cómo las fuerzas de la Tierra ayudaron al diente de león a crecer y cómo el calor del Sol le proporcionó sus nutrientes.

6. Toma tu trozo de papel y colócalo en el vaso.

7. En este punto, puedes optar por terminar el hechizo y descartar los ingredientes. Sin embargo, también puedes decidir dejar el diente de león en tu altar y continuar con el hechizo una vez que el diente de león se convierta en su estado de bola de algodón.

8. Lleva el vaso y los ingredientes afuera y encuentra un lugar para enterrar el pedazo de papel. Mientras haces esto, di las siguientes palabras o similares:

"Comprometo mi intención a esta tierra. Permita que la prosperidad crezca dentro de mi vida."

9. Vierte el agua.

10. Sostén el diente de león en una mano y tu cristal en la otra. Luego sopla sobre el diente de león para liberar las semillas. Después de hacer esto, di las siguientes palabras o similares:

"Con estas semillas, proyecto mi voluntad. Permito que nuevas oportunidades me encuentren cerca y lejos."

11. Agradece a todas las energías, especialmente al diente de león, que te ayudaron con este hechizo. Coloca tu cristal cerca de tu cama o llévalo contigo, ya que esto te permitirá sentir cómo crece la prosperidad.

Hechizo para Nuevas Oportunidades

Este es un hechizo que querrás usar cuando quieras avanzar en tu carrera, encontrar una nueva carrera o hallar más oportunidades en tu vida. No deberías usar este hechizo para encontrar un nuevo interés amoroso. Si este es tu enfoque, querrás considerar un hechizo de relación y amor.

Muchas personas sienten que este hechizo es mejor cuando lo realizas bajo una luna nueva o llena.

Los ingredientes que necesitarás para realizar este hechizo son aceite esencial de sándalo o bergamota, citrino, velas y una imagen que represente la nueva oportunidad que deseas, como tu trabajo soñado.

1. Enciende las velas que representan la tierra y el aire. Los colores de estas velas suelen ser blanco, verde y amarillo.

2. Coloca un cristal sobre la imagen y visualiza alcanzar tu carrera o meta deseada.

3. Mientras visualizas, di estas palabras o similares:

"Viento y suelo, aire y tierra, por favor, envíame un

esfuerzo amoroso. Dibujo el trabajo que más agrada, con amor y fuerza."

4. Mientras dices estas palabras, toma el aceite esencial y unta en los puntos de presión, como en tus muñecas, la zona del tercer ojo y las sienes.

5. Apaga las velas o déjalas consumir por sí solas. Puedes mantener la imagen contigo o colocarla en tu hogar. Asegúrate de agradecer a los poderes que te ayudaron con este hechizo.

Un Hechizo Simple de Dinero

Hay muchos hechizos que se centran en atraer más dinero hacia ti. Algunos de ellos se enfocan en la buena suerte, mientras que otros se centran en el juego. Este hechizo simplemente se enfoca en atraer más dinero hacia ti a través de otros medios.

Primero, es importante para mí decir que, aunque simple está en el título, este hechizo a menudo es un poco desafiante para los principiantes. Sin embargo, esto no se debe a que el hechizo en sí sea difícil. Se debe a que no estás seguro de cómo va a llegar el dinero a ti. Podrías recibir un ascenso en el trabajo o podrías ser contratado para trabajos independientes. Alguien también podría darte dinero. En cuanto a cómo recibes el dinero, las opciones son infinitas. Debido a esto, el hechizo requiere mucha paciencia.

Los ingredientes para este hechizo son un anillo de oro, una cadena de collar de oro y tres velas de color amarillo o dorado. Muchas personas sienten que el mejor momento para realizar este hechizo es durante una luna nueva.

1. Toma las tres velas y crea un triángulo con ellas justo enfrente de ti. Asegúrate de que la base del triángulo esté más cerca de ti.

2. Enciende las velas en el sentido de las agujas del reloj, comenzando con la vela de abajo a la izquierda.

3. Coloca tu anillo de oro y la cadena del collar en el medio del triángulo.

4. Ahora, quieres visualizar la riqueza. Comenzarás con el anillo de oro y el collar. Luego pasarás a artículos más costosos. No te concentres en cómo podrías conseguir estos nuevos objetos valiosos. Simplemente quieres enfocarte en adquirir los objetos.

5. Querrás pasar de cinco a siete minutos visualizando. Mientras haces esto, dirás las siguientes palabras o similares:

"Abundancia, prosperidad y riqueza, entrad en mi vida y dadme libertad. Así será. Que así sea."

Querrás decir esto unas diez a doce veces.

6. Toma el anillo de oro y colócalo en un dedo. Luego toma el collar de oro y póntelo.

7. Apaga las velas en el orden contrario al que las encendiste. Esto significa que comenzarás con la vela de la esquina inferior derecha y seguirás en sentido contrario a las agujas del reloj.

8. Continúa usando el anillo y el collar tan a menudo como puedas. Cuanto más los uses, más sentirás las energías que te traerán más de la riqueza que deseas.

Trae el éxito a tu entorno laboral hechizo

A veces, una de las mejores maneras de atraer más riqueza a tu vida es mirar hacia tu carrera. Puedes utilizar conjuros como este para ayudar a crear un mejor ambiente de trabajo, darte más autoestima o permitirte ganar más determinación para tener éxito. Esto a menudo puede llevarte a recibir promociones o un aumento, lo que ayudará a incrementar tu riqueza financiera. Además, si puedes aumentar la moral general de tu lugar de trabajo, podrás obtener un tipo diferente de riqueza que incluirá crear más positividad para otras personas también.

No necesitas usar este hechizo solo para atraer más abundancia a tu situación actual. También puedes usar este hechizo si estás buscando una nueva carrera o te gustaría iniciar tu propio negocio.

Los ingredientes para este hechizo incluyen una vela blanca, cuatro velas verdes, una imagen de tu meta o una foto de la persona a la que deseas enviar abundancia, tu aceite esencial favorito, dos piedras de fluorita verde, hojas de laurel, incienso de ámbar, un tazón y una colección de diversas monedas. Quieres asegurarte de que las monedas tengan valores diferentes.

1. Unge tus manos con el aceite esencial. Luego querrás lavar y secar tus manos.

2. Coloca las cuatro velas verdes frente a ti en los puntos cardinales.

3. Coloca la vela blanca directamente frente a ti.

4. Coloca el cuenco de incienso donde puedas acceder fácilmente.

5. Coloca las piedras, las hojas de laurel y las monedas en el tazón.

6. Coloca la foto directamente frente a la vela blanca.

7. Llévate a un estado meditativo.

8. Toma el incienso y mueve el palo alrededor de las velas en el sentido de las agujas del reloj.

9. Enciende la vela blanca, las velas verdes y luego enciende el incienso con la llama de la vela blanca.

10. Continúa enfocándote en el hechizo y visualiza el éxito mientras permites que la cera se derrita en la vela blanca. Una vez que se haya derretido suficiente cera, vierte unas gotas sobre la imagen. Luego, sostiene el cuenco en tu mano y di las siguientes palabras o palabras similares:

"El éxito está llegando a mí. La prosperidad está llegando a mí. Que así sea."

11. Coloca el cuenco en la mesa y permite que la vela arda. Vuelve a colocar el incienso en su lugar y comienza a visualizar cómo el éxito y la prosperidad llegarán a ti. En lugar de imaginar el resultado final, visualiza el camino que tomará. Por ejemplo, puedes imaginarte trabajando duro para obtener la promoción con la que sueñas.

12. Continúa visualizando hasta que tengas un

proceso claro en tu mente. Luego puedes apagar las velas, comenzando con las velas verdes y terminando con la vela blanca.

Si lo deseas, puedes llevar la imagen contigo en tu bolso o colocarla en tu escritorio en el trabajo. Si sientes que el hechizo se está desvaneciendo, querrás repetir el proceso.

Capítulo 6: Velas y Hechizos

Las velas son importantes cuando se trata de hechizos wiccanos. Puedes recibir energías de ciertas velas que ayudarán a fortalecer tus hechizos. Hay dos fuentes de energía que provendrán de tus velas. La primera son las vibraciones de los colores. La segunda energía es el Elemento Fuego. Muchas personas creen que los principiantes deberían comenzar con hechizos de velas, ya que son algunos de los más fáciles con los que trabajar.

Hay varios tamaños de velas que se usarán en estos hechizos. Por ejemplo, algunos usarán velas de pilar, mientras que otros usarán velas de hechizo y velas de té. Es importante señalar que muchas personas creen que deberías dejar que la vela se apague por sí sola. Sin embargo, hay muchos hechizos que requieren que apagues la vela. Si el hechizo lo pide, entonces esto es lo que necesitas hacer. Sin embargo, no querrás usar la vela para otro hechizo. En su lugar, solo úsala nuevamente para la atmósfera que estabas buscando con el hechizo. Cuando apagues una vela, no querrás soplarla a menos que sea necesario. En ese caso, querrás agradecer al Elemento Fuego antes de hacerlo. Si tienes un apagavelas, es mejor usar esto. De lo contrario, simplemente mueve la mano para apagar la vela.

Carga tus velas

Antes de comenzar cualquier hechizo, siempre necesitas tomarte tiempo para cargar los objetos que vas a usar. Esto significa que querrás cargar cualquier vela. Para hacerlo, puedes sostener la vela en tus manos, generalmente entre tus palmas, y enfocar tu energía en la cera de la vela. Sin embargo, hay otras formas en las que puedes cargar tus velas. Algunas de las formas de cargar velas tomarán tiempo, así que necesitas asegurarte de tener un método específico para cargar tus velas unos días antes de que planees realizar el hechizo.

Hierbas

Cuando uses hierbas para cargar tus velas, necesitarás una combinación de hierbas o una sola hierba. Primero, querrás cargar tu hierba, lo que puedes hacer sosteniéndola en tu mano y visualizando la hierba creciendo. Colocarás tus hierbas en un frasco de conservas, que sea lo suficientemente grande para contener tu vela. Luego añadirás tu vela y cerrarás bien la tapa. Agita suavemente el frasco y déjalo en tu altar u otro lugar seguro durante un par de días. Querrás recordar dedicar tiempo a los contenidos del frasco cada día. No saques la vela ni las hierbas hasta que estés listo para realizar el hechizo. En su lugar, sostiene el frasco y enfoca tu energía en él. Puedes visualizar los ingredientes uniéndose, cargándose o conectándose. También puedes tomarte tu tiempo para energizar los ingredientes tú mismo enfocando tu energía en el frasco. Querrás asegurarte de usar tanto las hierbas como la vela en tu hechizo. Por ejemplo, puedes usar las hierbas como aderezo para tu vela.

Meditación de Luz

Sostén la vela entre tus palmas. Cuando estés relajado, cierra los ojos e imagina el color que deseas traer a tu vela. Puedes usar una vela que sea del mismo color que estás visualizando o otra vela, como blanca. En la mente, imagina cómo este color está creciendo desde tu chakra del corazón y luego comienza a moverse a través de tu pecho, hombros, brazos, manos, y luego hacia tu vela. Cuando el color entra en la cera de tu vela, imagina que la vela se ilumina con el color que has elegido. Continúa haciendo esto hasta que tu vela esté completamente cargada. La única persona que podrá decir que esto está hecho eres tú mismo, ya que podrás sentirlo.

Aceites

El aceite es un ingrediente que puedes usar para cargar tus velas así como incluirlas en tus hechizos. Por supuesto, también hay hechizos que se centran específicamente en aceites esenciales. Cuando usas aceites esenciales para cargar tu vela, deseas verter una pequeña cantidad de aceite sobre tu vela. Luego dejarás que repose durante varias horas antes de frotar el aceite en la vela. Recuerda, el aceite es inflamable, así que debes asegurarte de que todo sea seguro y no usar mucho aceite cuando vayas a encender la vela.

Cristales

Cuando uses cristales para cargar tus velas, querrás dar a tus ingredientes una semana para que se carguen juntos. Los cristales y las velas a menudo van de la mano cuando se trata de conjuros. De hecho, hay varios conjuros donde usarás ambos. Cuando estés usando cristales para cargar tus velas, querrás tomar cinco cristales y crear una estrella de cinco puntas o un pentáculo. Colocarás tu vela en el medio de la forma. Una vez que tu semana haya llegado a su fin y estés a punto de realizar el conjuro, necesitarás limpiar los cristales si no los vas a usar en el conjuro.

Rojo

Se sabe que el rojo es el color que trae amor, pasión, energía, relaciones y lujuria. Es uno de los colores más fuertes que se puede usar de manera positiva y negativa. Por ejemplo, el rojo puede usarse como un símbolo de ira y también puede usarse como un símbolo de amor. Al mismo tiempo, el rojo puede ser el color de la supervivencia—piensa en cómo tu sangre o corazón son rojos.

Cuando utilizas velas rojas en un hechizo, te estás concentrando en más que en mejorar tus relaciones. También te estás enfocando en aumentar tu motivación, fuerza de voluntad, energía física, determinación, curación física y ambición. Puedes usar el rojo para aumentar estas energías en tu vida personal o profesional. También puedes usar el rojo para ayudar a impulsar tu confianza y habilidades de liderazgo.

Ritual de la luz solar para aumentar tu energía física

Todos nos sentimos exhaustos de vez en cuando. Puedes darte cuenta de que te falta más energía a lo largo del día de lo normal. Si bien puede haber razones médicas para esto, por eso siempre deseas realizarte un chequeo con tu médico de atención primaria, también podrías ayudar a aumentar tu energía física a través de un hechizo. El Ritual de Luz Solar para Energía Física puede ayudar a menudo. Sin embargo, como se dijo antes, ningún hechizo debe ser utilizado como un sustituto de fines médicos.

Al alcanzar tu mentalidad para este hechizo, querrás enfocarte en cómo hay muchas personas contigo. Piensa en todas las personas que han vivido a lo largo de la historia en todo el mundo, desde los aztecas hasta los europeos cruzando el mar para llegar a la nueva tierra.

Cuando vayas a realizar este hechizo, siempre es mejor hacerlo bajo la luz solar directa y al aire libre. Sin embargo, cuando esto no sea posible, querrás visualizar la luz del sol cayendo sobre ti y tu altar. Siente el calor del sol en tu rostro, hombros y cuerpo.

Para este hechizo, necesitarás tres velas rojas, velas de ambiente de trabajo y tres grandes cuadrados de papel de aluminio. Para tus velas de ambiente de trabajo, puedes usar rojas, naranjas, amarillas, rosas o blancas.

1. Usando cada pieza de papel de aluminio, haz un soporte resistente alrededor de cada vela roja. Querrás formar la forma de un triángulo a tu

alrededor con las velas. También quieres asegurarte de que estás en el centro del triángulo.

2. Cuando estés de pie en el centro del triángulo, enciende cada vela. Asegúrate de concentrarte en la luz del Sol reflejándose en el papel de aluminio y la luz de las llamas.

3. Sostén tus palmas hacia afuera, cierra los ojos y siente el calor del Sol.

4. Comienza a meditar con la energía de la luz. Con los ojos aún cerrados, imagina las energías de la luz entrando en tu cuerpo, comenzando por tus pies. Permite que esta energía suba lentamente por tu cuerpo. Visualiza esta energía yendo a tus rodillas, tus caderas, tu pecho, tus hombros y llegando hasta la parte superior de tu cabeza.

5. Abre los ojos y continúa sintiendo la energía solar dentro de ti.

6. Antes de apagar las velas, asegúrate de decir un par de palabras de agradecimiento al Sol y a la energía interminable que proporciona.

7. Puedes reciclar el papel de aluminio o guardarlo para la próxima vez que realices el ritual de la luz solar.

Poder de la Voluntad Encanto de la Victoria

A veces necesitamos un poco de fuerza de voluntad para comenzar una nueva tarea o continuar con nuestra tarea. No importa si estás a punto de comenzar un nuevo trabajo, una rutina de ejercicio, o simplemente necesitas hacer una limpieza profunda en tu casa, el hechizo del Power of Will Victory Charm te ayudará a lograr esta tarea.

Para este hechizo, necesitarás un amuleto mágico rojo. A muchas personas les gusta utilizar Jaspe Rojo, sin embargo, puedes elegir cualquier piedra roja. También necesitas una vela pilar roja, una herramienta de tallado ritual como un punto de cristal y aceite de unción, que es opcional.

1. Toma tu herramienta de talla y una vela, y talla un símbolo en tu vela. Este símbolo debe simbolizar el objetivo que deseas alcanzar. Por ejemplo, podrías tallar una "V" por victoria o "P" por poder. También podrías tallar una imagen de tu objetivo. Cualquier símbolo que decidas tallar en tu vela, debe tener un valor significativo para ti en relación con este objetivo.

2. Si decides usar el aceite, ahora querrás ungir tu vela.

3. Toma tu piedra roja y sostenla entre tus palmas.

4. Cierra los ojos y comienza a visualizarte logrando tu tarea. Asegúrate de imaginar realmente completar la tarea y sentirte victorioso.

5. Una vez que hayas completado tu visual, coloca la piedra roja frente a la vela.

6. Enciende la vela y repite la siguiente frase tres veces:

"Soy fuerza de voluntad. Soy valioso. Soy éxito. Soy energía."

7. Deja que la vela se apague por sí sola, ya que

seguirá energizando tu piedra a medida que queme. Una vez que la vela haya dejado de arder, coloca la piedra en tu bolsillo y mantenla contigo siempre que necesites energía para cumplir con tu tarea.

Hechizo de Relación Apasionada

Estás listo para encontrar una pareja significativa. Hay toneladas de conjuros de amor que puedes usar. Sin embargo, uno de los pasos clave que deseas tomar es asegurarte de imaginar a tu pareja ideal. Mientras la mayoría de las personas imaginarán las mejores características de personalidad de la persona, podría ayudar imaginar algunos defectos. Todos los tienen, por lo tanto, si imaginas estos en tu pareja ideal, podrás establecer lo que realmente deseas.

Las cualidades de tu amante deben estar en tu mente antes de que comiences a preparar el hechizo. Esto se debe a que durante el hechizo, escribirás las cualidades y tendrás una visión clara.

Recuerda, hay dos personas en una relación. Por lo tanto, no solo quieres centrarte en tu pareja ideal. También necesitarás enfocarte en ti mismo. Piensa en la autoestima y lo importante que es esto para una relación y no solo el amor. Debes centrarte en las cualidades positivas tanto como sea posible.

Las herramientas que necesitarás para el Hechizo de Relación Apasionada son canela, aceite esencial de rosa o jazmín, una vela roja para el hechizo, una herramienta para tallar rituales, un utensilio de escritura rojo, papel, papel encerado y tijeras.

1. Cava un símbolo de amor, como un corazón, en la vela roja.

2. Unge la vela roja con el aceite que hayas elegido.

3. Enciende la vela para que la cera comience a derretirse.

4. Corta dos formas de un corazón de papel. Trata de hacerlas aproximadamente del tamaño de tus manos. En uno de los corazones, escribe con el bolígrafo o marcador rojo las cualidades más importantes de tu pareja. En el otro corazón, escribe la lista de cualidades que ofrecerás a tu pareja.

5. Coloca los corazones en la palma de tus manos y sostenlos allí por un tiempo. Imagina que tú y la otra persona se unen para crear un nuevo amor.

6. Coloca los corazones, superponiéndolos, sobre una hoja de papel encerado. Mientras hablas en voz alta, enumerarás todas las cualidades que escribiste.

7. Con cada cualidad que mencionas, verterás una gota de cera sobre los corazones. Esto los sellará juntos.

8. Una vez que hayas terminado de enumerar las cualidades, dirás estas palabras o algo similar:

"Mentes apasionadas, corazones apasionados, almas apasionadas. Ahora estamos juntos. Que así sea."

9. Toma los corazones y colócalos en un lugar especial dentro de tu hogar o en tu altar. Deja que la vela se apague sola.

Verde

El verde es el color del chakra del corazón, lo que significa que actúa como un mediador entre los reinos del pensamiento y la emoción. También se centra en la compasión, el amor, el amor propio y las relaciones. Mientras que la mayoría de las personas piensan en el dinero cuando ven el color verde, también es un signo de buena suerte. Por supuesto, las personas utilizan el color verde cuando intentan aumentar la suerte o su bienestar financiero. Sin embargo, el verde también está asociado con la vida. Muestra que las plantas y la naturaleza están vivas y en buena salud. Por lo tanto, el verde también puede ser un signo de fertilidad física. El verde y el Elemento Tierra a menudo están juntos.

Hechizo de Fertilidad a la Luz de las Velas

Si eres una mujer que intenta concebir un hijo, sabes que hay muchos cuentos de viejas, hierbas y medicamentos que se conocen por ayudar. Sin embargo, también existe un Hechizo de Fertilidad a la Luz de las Velas. Muchas mujeres han realizado este hechizo para sí mismas o para una amiga, quien luego descubrió que estaba embarazada. Se apodera de los poderes del universo para ayudar a aumentar la fertilidad de una mujer a través de velas verdes, que se centran en traer abundancia y buena suerte.

Cuando te prepares para el Hechizo de Fertilidad a la Luz de las Velas, necesitas asegurarte de que puedes despejar tu mente. Debes dejar ir cualquier negatividad, incluidos los pensamientos negativos.

Puede ser útil si te tomas el tiempo para meditar e imaginar toda la negatividad saliendo de tu cuerpo. Esto es importante porque la magia del hechizo se manifestará en tu cuerpo.

Cuando talles el símbolo en la vela, querrás asegurarte de que sea personal para ti. No necesitas elegir un símbolo específico, pero debería representar tu resultado. Podrías tallar una imagen de un bebé o "B" por bebé. Hagas lo que hagas, quieres asegurarte de que sea el símbolo que deseas para representar la fertilidad.

Para realizar este hechizo, necesitarás una herramienta de talla, una vela verde grande, aceite esencial de salvia esclarea o geranio, y los símbolos que representan la fertilidad.

1. Mientras talles tu símbolo de fertilidad en la vela, asegúrate de imaginar tu cuerpo uniéndose con el cuerpo de tu pareja para crear nueva vida.

2. Unge la vela con aceite.

3. Una vez que tú y tu pareja se unan en su mente, querrán encender la vela.

4. Si no puedes concebir, repite este hechizo. Puedes seguir repitiendo el hechizo hasta que ocurra la concepción.

Hechizo de Empleo del Penny de la Suerte

Buscar trabajo puede ser estresante y frustrante, especialmente si no tienes mucha experiencia. Por ejemplo, acabas de graduarte de la universidad o ahora estás considerando trabajar fuera de casa ya que tus hijos están en la escuela. A veces no tienes la cantidad adecuada de experiencia, incluso si tienes un cierto título. Otras veces podrías pasar desapercibido porque no conoces a las personas adecuadas.

El Hechizo del Penny de la Suerte no te ayudará a conocer a las personas adecuadas a tiempo para tu entrevista de trabajo. Sin embargo, te ayudará a adquirir buena suerte para tus futuras entrevistas de trabajo y a conseguir empleo. Esto se debe a que el hechizo se centra en la energía positiva dentro de ti, que es un factor importante a la hora de buscar empleo. Cuanto más estresante sea la búsqueda de trabajo y cuantas más cartas y correos de rechazo recibas, más comenzaras a sentirte negativo acerca de toda la situación. Esto influirá en tu desempeño en las entrevistas de trabajo. Por lo tanto, puedes usar este hechizo para ayudarte a mantener la positividad que se desea.

Para este hechizo, necesitarás usar una vela de hechizo y verter cera. Por lo tanto, puede que quieras colocar papel encerado o algo para proteger tu altar de cualquier cera. Junto con una vela de hechizo verde, necesitarás un centavo nuevo, papel encerado y papel de diario (ambos artículos son opcionales), y aceite esencial de lavanda, clavo o pachulí.

1. Toma el nuevo centavo y unge ambos lados con aceite.

2. Coloca la moneda de un centavo con la cara hacia arriba frente a tu vela verde.

3. Enciende la vela. Luego imagina cómo será trabajar en tu trabajo soñado durante varios minutos mientras miras la cera derretida de la vela.

4. Si has elegido utilizar papel de diario, tómate un tiempo para escribir libremente sobre cuál será tu trabajo soñado. ¿Cuáles serán tus responsabilidades? Escribe cuán bien serás capaz de desempeñar estas funciones.

5. Después de que hayas terminado de escribir y te sientas exitoso con tu visión, querrás dejar caer tres gotas de cera de vela verde sobre la moneda. Si has elegido usar papel encerado, asegúrate de que esté colocado debajo de la moneda antes de inclinar tu vela. Recuerda tener cuidado para no quemarte con ninguna cera de vela.

Mientras dejas caer cera de vela sobre la moneda, di "Está hecho. El trabajo ahora es mío." Luego colocarás la vela de nuevo en su soporte y permitirás que se apague por sí sola.

6. La próxima vez que vayas a una entrevista de trabajo, llevarás la moneda contigo en tu bolso o bolsillo.

Hechizo de Dinero Mágico

Este es uno de los muchos hechizos que ayudarán a aumentar el flujo de dinero. La mayoría de los hechizos son similares, sin embargo, este utiliza aceites esenciales y una vela verde para hechizos. El mejor aceite esencial para usar es Pachuli. También necesitarás una banda de goma verde y un billete de cinco dólares.

1. Unge la vela con el aceite esencial.

2. Toma el billete de cinco dólares y dóblalo a lo largo. Luego, envuélvelo alrededor de la vela y asegura el billete con la liga. Asegúrate de dejar espacio entre el billete de cinco dólares y la mecha de la vela para que el billete no se prenda fuego.

3. Sostén el billete entre las palmas de tus manos. Tómate un tiempo para imaginar que estás viviendo cómodamente. Aunque no seas rico, todas tus necesidades básicas están satisfechas. Puedes pagar tus facturas a tiempo, comprar alimentos, comprar gasolina para ir y venir del trabajo, y puedes tener un poco de dinero sobrante para ti. Incluso puedes imaginar un poco yendo a ahorros cada mes.

4. Una vez que esta imagen esté sólida en tu mente y tus emociones sean fuertes hacia la imagen, querrás repetir palabras similares tres veces:

"Arriba y abajo, el dinero en mi vida fluye. De la tierra al cielo, de costa a costa, el dinero me trae más."

5. Enciende la vela y déjala arder hasta que alcance el billete de cinco dólares.

6. Apaga la vela y deja que la cera se enfríe antes de quitar el billete.

7. Coloca el billete en tu billetera, preferiblemente en un lugar especial para que no lo gastes. Recuerda la imagen y la sensación que creaste cada vez que veas el billete. Recuerda que estás trabajando hacia este estilo de vida.

Rosa

El rosa es el color del amor, mezclado con blanco y rojo. El rosa se puede usar para cualquier tipo de amor, desde amistades hasta romántico. Incluso se puede utilizar para aportar un ambiente más suave y alegre a tu trabajo. Posee las energías de la suavidad y la alegría. Cuando las personas piensan en rosa, a menudo piensan en flores o algo encantador. Por lo tanto, este es el tipo de energía que tienden a transmitir las velas rosa. En general, cuando necesitas usar un hechizo que se centre en cuidar a otras personas, el rosa suele ser el color que deseas.

También puedes usar el rosa para traer más armonía a tu hogar. Si sientes que tu vida y la energía dentro de tu hogar han sido caóticas y estresantes, o si descubres que tú y tu pareja discuten a menudo o que tus hijos no se llevan tan bien, podrías querer añadir más rosa a tu hogar, centrándote específicamente en un hechizo con velas rosas. También puedes usar el rosa para ayudar en la superación personal. Es un color que se asocia con nuevos comienzos. Te da la energía para tener éxito. También te ayuda a mantener la calma para que puedas pensar de manera más racional, lo que siempre ayuda en la superación personal y el éxito.

Las velas rosas se utilizan a menudo en hechizos que se centran en los niños y su salud. Esto se debe a que, aunque la sociedad dice que el rosa es para las niñas, ha estado asociado con los bebés durante siglos. A menudo se ha utilizado para ayudar a proteger a los niños.

El Elemento Fuego se asocia con el color rosa. Los hechizos dentro de este libro que se enfocan en el rosa se utilizan para ayudar a los niños, fortalecer amistades, romances y el amor propio.

Hechizo de Romance de Ensalada de Fresa

El Hechizo de Romance de Ensalada de Fresas se puede utilizar para dos romances diferentes. Primero, se puede utilizar para dar sabor a tu vida romántica. Segundo, se puede utilizar para establecer un nuevo romance. El truco es que debes concentrarte en las experiencias que quieres tener y no en cómo deseas que actúe la persona. Si te concentras en las características de personalidad, tu hechizo no va a funcionar.

Cuando se trata del Hechizo de Romance de Ensalada de Fresas, debes hacer lo que sientas que es correcto. Esto significa que puedes cambiar los ingredientes en el hechizo a tu gusto. También puedes agregar elementos al hechizo, como música romántica, incienso o cualquier otra cosa que sientas que le dará un toque romántico especializado.

Para este hechizo, necesitarás al menos dos velas rosas, dos tazas de fresas que cortarás por la mitad, media taza de arándanos, una taza de frambuesas, una vela de trabajo que sea rosa o roja, una taza de sandía que cortarás en trozos del tamaño de un bocado, media taza de cerezas sin hueso, una cucharada y media de miel y hojas de menta picadas, y tres cucharaditas de jugo de limón.

1. Enciende la vela de trabajo y comienza a picar y

cortar la fruta para el hechizo. Muchas personas dicen que también deberías imaginar que estás preparando una cena romántica para un nuevo interés amoroso.

2. Combina toda la fruta en un tazón y mezcla las hojas de menta picadas.

3. En un tazón pequeño aparte, mezcla bien la miel y el jugo de limón.

4. Vierte la mezcla de miel en el tazón con la fruta y mezcla bien. Quieres asegurarte de que la fruta esté completamente cubierta con la miel y el jugo de limón.

5. Al encender las dos velas rosas, querrás decir las siguientes palabras:

"Este dulce alimento, preparado con amor, traerá la esencia de un nuevo amor a mi vida. Así sea."

6. Siéntate y disfruta de tu maravillosa ensalada de fresas.

Mientras comes, quieres seguir visualizando el nuevo amor de tu vida. Quieres pensar en lo que ustedes dos harán juntos y cómo interactuarán entre sí. Piensa en los momentos positivos y divertidos que tendrán.

Una vez que estés lleno, colocarás las sobras en el refrigerador y apagarás las velas.

El Inicio de un Día de Niño

Este es un hechizo que puedes enseñar a tus hijos. Por supuesto, querrás asegurarte de que tengan la edad suficiente para realizar el hechizo y entenderlo.

También será útil que los guíes a través del hechizo, especialmente durante las primeras semanas. Para explicar el hechizo a tus hijos, puedes decirles que es un hechizo que puede ayudar a hacer su día más mágico.

El mejor momento para comenzar a enseñarles este hechizo a sus hijos es durante el verano o en un fin de semana. Esto le permitirá ser un poco más flexible con su tiempo, lo que hará que sea más fácil cuando esté apresurado para llevar a sus hijos a la escuela.

Los ingredientes que necesitas para este hechizo son una vela rosa, tizas rosas y una acera o área que puedas usar para las tizas. Si tus niños son pequeños, puedes usar una vela rosa con una llama falsa.

1. Con aproximadamente dos pies entre cada persona que está realizando el hechizo, colóquense en un círculo.

2. Por turnos, haz que cada niño trace sus huellas con la tiza rosa. Si solo tienes un par de niños, cada niño puede trazar sus huellas dos o tres veces hasta que se complete un círculo.

3. Una vez que se completen las huellas, coloca la vela en el medio.

4. Haz que los niños elijan un punto de partida dentro de las huellas. Sin embargo, debes asegurarte de que estén mirando hacia el Este, que es la dirección de los nuevos comienzos.

5. Una vez que tengan un punto de partida, haz que los niños salten de una huella a la siguiente.

6. Cada vez que salten, haz que tus hijos digan o griten estas palabras:

"¡Gran día, buena diversión! ¡Mis poderes mágicos iluminarán el camino!"

7. Después de que digan la frase, también deben mencionar una cosa que quieren hacer bien ese día.

8. Una vez que todos sus hijos hayan pasado por el círculo, pídales que se paren en las huellas que dibujaron y enfrenten la vela.

9. Enciende la vela y luego, mientras todos se toman de las manos, repite la frase del hechizo al menos tres veces.

10. Si la vela necesita ser apagada, permite que los niños apaguen la vela.

11. Antes de acostar a tus hijos, tómate un tiempo para preguntarles cuáles fueron sus momentos favoritos durante el día. Anota lo que dicen y mira si puedes hacer una conexión entre sus momentos favoritos y lo que dijeron durante el hechizo.

Fortaleciendo Tu Hechizo de Amistad

Primero, necesitas tener cuidado con cómo realizas este hechizo. Necesitarás visualizar el fortalecimiento de tu relación con tu amigo. Sin embargo, esto puede convertirse fácilmente en un intento de manipular su comportamiento, lo cual es algo que nunca quieres hacer durante un hechizo. Por lo tanto, es importante recordar concentrarte en el resultado deseado en lugar de intentar cambiar el comportamiento de una persona. Por ejemplo, si tú y tu mejor amigo están discutiendo, podrías querer visualizar llegar a un acuerdo y seguir adelante con la situación.

Para tus ingredientes, necesitarás dos velas de té rosas, una pequeña cantidad de pintura blanca y roja, un pincel, una vela de trabajo y cinco pulgadas de cartulina o cartón rosa.

1. Enciende tu vela de trabajo.

2. Coloca los otros ingredientes alrededor de tu altar o espacio.

3. Coloca las luces de té en las esquinas superiores de tu cartón pluma o cartulina.

4. Enciende la vela que colocaste a la izquierda de la cartulina. Al encender la vela, indica lo siguiente:

"Que el amor y la luz de la amistad se reflejen en esta obra. Así sea."

5. Toma la pintura blanca y crea un símbolo de amistad en el papel.

6. Sin enjuagar tu pincel, sumérgelo en la pintura roja y luego remueve la roja en el símbolo blanco pintado. Quieres crear el color rosa con las pinturas.

7. Al crear el color rosa, quieres visualizar la reunión con tu amigo. Imagina que ustedes dos están teniendo los mejores momentos juntos, riendo, yendo al cine, saliendo a comer, o lo que sea que hagan para divertirse.

8. Una vez que tu símbolo esté completamente rosa,

encenderás la vela a la derecha de la cartulina. Al hacerlo, querrás decir las siguientes palabras:

"El amor y la luz de la amistad fortalecen y sellan nuestro vínculo. Así sea."

9. Una vez que la pintura esté seca, puedes apagar las velas.

10. Coloca tu pintura en algún lugar de tu hogar o déjala en tu altar.

Plata

La plata está llena de la energía enigmática y femenina que está estrechamente asociada con la luna. Esto se debe a que muchas personas creen que la luna emite una luz plateada. Además, se sabe que el color plateado es realmente poderoso y está asociado con habilidades divinas y psíquicas. Debido a esto, las personas a menudo utilizan la plata para fortalecer sus habilidades psíquicas, intuición, clarividencia y telepatía.

Las personas también utilizan la plata para ayudar a crear una calma cuando están frustradas. Esto se debe a que la plata ayuda a las personas a "dejarse llevar" un poco más fácilmente. También puedes usar la plata para ayudar a traer suerte a varias partes de tu vida y eventos, como el juego y la búsqueda de objetos perdidos. La plata está estrechamente asociada con el Elemento Agua.

Hechizo de Perdido es Encontrado

Todos hemos perdido algo, incluso si fue temporalmente. Sin embargo, siempre parece suceder cuando tenemos prisa. Por ejemplo, el momento en que no puedes encontrar tus llaves es cuando necesitas apurarte para recoger a tus hijos de la escuela o llegar al banco antes de que cierre. El Hechizo de lo Perdido es Encontrado es conocido por ayudar a las personas a encontrar objetos que han perdido. No importa si estás buscando un arete que se cayó de tu oído en algún lugar de la casa o tus llaves, podrás encontrar los objetos con este hechizo. Por supuesto, también tienes que creer que localizarás los objetos para que el hechizo funcione.

Los ingredientes para este hechizo son un cuadrado de tela plateada de cuatro a seis pulgadas y dos velas plateadas. También puedes usar tela negra si no puedes encontrar plata.

1. Coloca una vela a cada lado de tu tela.

2. Enciende la vela a la izquierda del paño. Al hacerlo, di en voz alta lo que estás tratando de averiguar.

3. Tómate 30 segundos para mirar fijamente la tela.

4. Cierra los ojos y visualiza el objeto apareciendo en la tela. Imagina que literalmente surge de la nada. Imagina el objeto con tanto detalle como puedas recordar. Dedica el tiempo que necesites enfocándote en esta visión.

5. Abre los ojos y enciende la vela a la derecha del paño. Al hacer esto, di estas palabras o similares:

"Lo perdido ahora se encuentra. Lo perdido ahora se

encuentra. Lo que perdí, ahora está de camino de regreso a mí. Está hecho."

6. Doble la tela y déjela en su altar. Debe colocarla en un espacio donde no pueda verla fácilmente, como debajo de su vela o guardada en un rincón.

7. Apaga las velas. Puedes volver a utilizarlas para este mismo hechizo al buscar otros objetos.

8. Da al universo o lo divino tu confianza en que el artículo llegará a ti a su debido tiempo.

Hechizo de Moneda de la Suerte para el Juego

La mayoría de nosotros disfrutamos de un viaje al casino de vez en cuando. No hay nada de malo en esto. A veces nos da una manera de relajarnos y olvidar nuestros problemas. Sin embargo, pueden surgir más problemas cuando te das cuenta de que estás perdiendo más dinero del que deberías mientras juegas. Con el fin de ayudar a aumentar tu suerte al ganar, puedes lanzar este hechizo antes de salir a jugar.

Los ingredientes para este hechizo incluyen una vela plateada, una moneda de plata y aceite esencial de canela, que es opcional.

1. Comienza el hechizo despejando tu mente.

2. Unge la moneda y la vela con el aceite, si decides usarlo.

3. Coloca la moneda directamente frente a la vela.

4. Enciende la vela y visualízate teniendo éxito con el juego. Quieres centrarte en la sensación de ganar.

5. Asegúrate de que el lado de la cara de la moneda esté hacia arriba y vierte una o dos gotas de cera sobre la moneda.

6. Vuelve a poner la vela en su lugar, agarra la moneda y sosténla por encima de la llama. Mientras haces esto, di las siguientes palabras o similares:

"Moneda de la suerte y plata de la suerte, trabajen juntas para traerme suerte y ganancias. Vida de la suerte y dinero de la suerte, me iré con más de lo que vine."

7. Coloca la moneda de nuevo frente a la vela.

8. Deja que la vela se apague por sí sola.

9. Recuerda llevar contigo la moneda la próxima vez que vayas a una aventura de juegos.

Hechizo de Reconexión de la Diosa de la Plata

Si eres como cualquier otra persona, podrías sentir que te has desviado de tu camino espiritual en una o dos ocasiones. Cuando esto sucede, puedes utilizar el Hechizo de Reconexión de la Diosa de Plata para volver a tu camino. Es importante notar que en realidad no tienes que conectarte con una diosa o dios que no seas tú mismo. De hecho, la mejor manera de ayudarte a realinearte en tu camino espiritual es asegurarte de que estás reconectando con tu yo interior.

Aunque puedes realizar este hechizo en cualquier momento, muchas personas creen que obtienes los mejores resultados cuando lo completas durante una luna nueva o llena.

Para los ingredientes, necesitarás una vela de trabajo blanca, tres velas de hechizo plateadas, una pieza de joyería de plata y tu aceite de unción favorito. Cuando encuentres una pieza de joyería, puedes usar tu pieza favorita y no tiene que ser de plata. También puedes decidir mezclar un par o algunas aceites de unción juntos para crear tu mezcla favorita.

1. Coloca las tres velas de plata en forma de triángulo en tu altar y enciende la vela de trabajo. Asegúrate de que la base del triángulo esté facing you.

2. Toma el aceite y unge la joyería. Luego colocarás la joyería en el centro del triángulo.

3. Enciende la vela, comenzando con la base izquierda. También mencionarás las siguientes palabras o similares:

"Diosa, te saludo en este nuevo punto de inicio dentro de mi camino."

4. Enciende la vela en la punta del triángulo y di las siguientes palabras o palabras similares:

"Madre Tierra, te saludo cada día que camino sobre ti."

5. Enciende la vela en la base derecha y dice las siguientes palabras o palabras similares:

"Divina femenina, te saludo con cada día que respiro a lo largo de mi viaje."

6. Luego querrás cerrar este hechizo diciendo las siguientes palabras o similares:

"Tomando este tiempo para agradecerte, diosa, Madre Tierra y divina femenina por este lugar y tiempo, por reconectarte conmigo y tu eterna presencia. Bendito sea."

7. Deja que las velas se consuman solas.

8. Asegúrate de llevar la joyería durante tu día. Incluso puedes optar por llevarla por el resto de tu vida.

Azul

El azul es otro color que puede ayudarnos a "ir con la corriente." A menudo se piensa en él como el color del cielo y nos hace sentir tranquilos, brindándonos paz y paciencia. Las personas que luchan con problemas de sueño a menudo utilizan el color azul en sus conjuros. Se sabe que es un color sanador y nos ayuda a resolver emociones difíciles y nos permite sentirnos estables.

Porque el color azul está asociado con el chakra de la garganta, usamos azul en conjuros que nos ayudan a comunicarnos mejor. No importa si estás luchando por comunicarte con alguien en el trabajo, preparándote para una presentación, o tratando de comunicarte con tu pareja.

El color azul también se utiliza para ayudarnos a

protegernos contra las emociones negativas y promover la buena suerte, la confianza y la sabiduría. También puedes usar el azul para fortalecer tus relaciones en lo que respecta a la confianza, la fe, la fiabilidad y la lealtad. El azul también se utiliza cuando se trata de meditación, habilidad psíquica y construir nuestro camino espiritual. El azul está conectado con el Elemento Agua.

Hechizo de Armonía para Conflictos Domésticos

El Hechizo de Armonía para Conflictos Domésticos ayuda a promover la protección del hogar. Es un gran hechizo para usar cuando intentas traer más positividad y calma a tu hogar. Este hechizo también se puede usar para armonizar tus relaciones dentro de tu hogar, ya sea con tu pareja o compañeros de cuarto.

Los ingredientes para este hechizo incluyen dos trozos de hilo azul que puedes enrollar alrededor de la vela y una vela pilar azul. También puedes usar hilo blanco en lugar de azul.

Para este hechizo, necesitarás que la persona con la que tienes un conflicto participe.

1. Siéntate con la persona y enfréntense. Coloca la vela entre los dos.

2. Tómate un momento para visualizar la luz blanca que rodea a ambos. Esta es una forma de centrarte para el hechizo. Es mejor si le pides a la persona frente a ti que haga lo mismo. Si necesitan ayuda,

tómate un tiempo para guiarlos sobre cómo visualizar la luz blanca.

3. Al encender la vela, inicia una discusión abierta sobre cómo ambos van a restaurar la armonía en su hogar. Asegúrate de usar declaraciones de "yo siento" y ser respetuoso pero honesto. Por ejemplo, podrías decir "Siento que cuando traes a tus amigos me siento excluido."

4. A lo largo del hechizo, debes asegurarte de que ninguno de los dos señale con el dedo o culpe al otro por nada. En su lugar, necesitas tener una actitud de querer resolver tus problemas para crear una mejor armonía en tu hogar.

5. Una vez que la discusión haya terminado, ambos han expresado todo lo que necesitaban para sentirse escuchados y creen que la armonía se ha restaurado en su hogar, cada uno puede atar un hilo a la vela.

6. Después de que hayas atado el hilo, puedes apagar la vela en cualquier momento.

7. Asegúrate de volver a encender la vela cada noche donde sientas que ambos tuvieron un día exitoso. Querrás hacer esto hasta que la vela se termine.

Hechizo para Aumentar Tu Paciencia

Todos luchamos con la paciencia de vez en cuando. A veces es por un mal día, mientras que otras veces estamos sobrecargados de estrés. También hay personas que tienen problemas para tener paciencia en general. Si sientes que deberías aumentar la paciencia en tu vida, querrás usar este hechizo. Este hechizo te permite evaluar tu nivel de estrés en una situación. Este hechizo también te ayudará a crear un talismán para que puedas afrontar otras situaciones estresantes con más gracia.

Los ingredientes que necesitarás para el hechizo son una vela de hechizo azul, papel para escribir, una piedra mineral azul u ópalo, y aceite esencial de lavanda o palmarosa, que es opcional.

1. Querrás hacer lo que puedas para relajarte. Esto significa que podrías querer tomar un par de minutos para meditar o respirar profundamente. Quieres enfocarte en liberar tu estrés y mirarte de una manera más interna.

2. Si decides usar aceite esencial, unge la vela y luego enciéndela.

3. Escribe libremente sobre tus tensiones que te llevaron a realizar este hechizo. Esto podría ser sobre tu relación, carrera, amigos, política o una combinación de situaciones.

4. Tómate aproximadamente media hora para escribir sobre lo que te está molestando. Si comienzas a sentirte estresado por la situación, mira más allá de lo básico de la situación y hacia lo que podría estar causando estos problemas. Por ejemplo, ¿hay algo de tu pasado que te preocupe respecto a la situación? ¿Temes la situación?

5. Una vez que te sientas más tranquilo acerca de tu estrés, coloca la piedra azul entre tus palmas. Visualiza una luz azul que sale de la piedra y entra en tu cuerpo. Comienza en tus manos, pasa por tus brazos, hasta tus hombros, entra en tu pecho, etc. Imagina que esta luz azul recorre todo tu cuerpo.

6. Cuando tengas una visual clara, di las siguientes palabras o palabras similares:

"La paz y la paciencia fluyen fácilmente. Ahora dejaré ir estos viejos desencadenantes. Que así sea."

7. Coloca la piedra azul frente a la vela.

8. Deja que la vela se consuma por sí sola.

9. Asegúrate de llevar la piedra azul contigo siempre que la necesites para ayudarte a aliviar tu estrés, darte paciencia y mantenerte tranquilo.

"Notas de Amor para Uno Mismo" Hechizo de Medicina

En la vida, es importante que encontremos un equilibrio entre el apoyo y el amor que nos damos a nosotros mismos y lo que recibimos de otras personas. Con frecuencia, las personas tienden a sufrir de baja autoestima o falta de confianza, lo que crea un desequilibrio entre amarnos a nosotros mismos y el amor que recibimos de los demás. Cuando esto sucede, nos volvemos demasiado dependientes de otras personas.

El hechizo de Medicina "Notas de Amor para Uno Mismo" te ayudará a dar el amor que necesitas a tu yo superior. Este hechizo ayudará a crear el equilibrio que la gente desea. Una de las principales razones por las que luchamos por darnos el cuidado y el amor que necesitamos es porque no podemos alcanzar nuestro yo superior, o frecuencias más altas para poder hacerlo. Este hechizo nos ayudará a alcanzar estas frecuencias más altas. Se adentra en nuestras frecuencias positivas, amorosas y pacíficas que nos ayudarán a superar situaciones estresantes. Por lo tanto, muchas personas creen que deberías realizar este hechizo días a un par de semanas antes de que vayas a enfrentarte a una situación estresante.

Los ingredientes necesarios para este hechizo son una vela azul, un bolígrafo o marcador azul, pequeños trozos de papel, un tazón pequeño y un sello de cera.

1. Tal vez quieras comenzar meditando, ya que necesitarás relajarte y tranquilizar tu mente para este hechizo.

2. Enfócate en tus sentimientos de bienestar.

3. Enciende la vela azul y comienza a escribir notas positivas de amor propio. No deberías tener menos de siete notas, sin embargo, puedes escribir tantas notas como desees. Por ejemplo, podrías escribir "Me amo tal como soy" o "Soy una persona increíble."

4. Asegúrate de doblar cada mensaje en tercios para que puedas ocultar completamente el mensaje.

5. Vierte una gota de cera de la vela azul sobre el papel para ayudar a crear un sello. Luego, presionarás el sello de cera hacia abajo para sellar oficialmente el mensaje.

6. Una vez que hayas escrito la última nota de amor propio, puedes apagar la vela.

7. Deja estas pequeñas notas en un lugar especial de tu hogar o en tu altar.

Cada vez que sientas que necesitas un poco de

motivación, saca un mensaje y léelo. Puedes seguir usando la vela para añadir notas a tu cuenco como consideres necesario.

Naranja

El naranja es un color muy positivo y poderoso, ya que se centra en el poder de la mente, aumentando la energía y las preocupaciones físicas. El color naranja toma las energías de resistencia, ambición y fuerza del rojo y las energías de ánimo alegre, optimismo y confianza del amarillo. El naranja se compara tanto con los colores de un amanecer como de un atardecer, lo que significa que trae un equilibrio de bienestar y calidez.

El chakra sacro está asociado con el color naranja. Esto significa que el color rige las emociones, el cambio y la creatividad. El naranja se utiliza a menudo en conjuros para disipar emociones negativas, como el abandono, la depresión y el dolor. Luego transforma estas emociones negativas en emociones más positivas, ya que el color promueve la felicidad, el deseo de divertirse y la amabilidad.

A pesar de que el naranja a menudo se compara con el color del fuego, debido a su asociación con el amarillo, es un Elemento de Aire.

Hechizo de Aliento en Tiempos Desafiantes

Todos necesitamos un poco de ánimo de vez en cuando. Ya sea que estemos concentrados en una tarea desafiante o simplemente ha pasado un tiempo desde que escuchaste palabras de aliento, el Hechizo de Ánimo en Tiempos Difíciles te ayudará a lograrlo. Cuando uses este hechizo, sentirás que puedes cumplir con tu tarea, ya que se centra en tus rasgos de carácter y te brinda una perspectiva optimista sobre la situación.

Este hechizo es similar al Hechizo de Medicina “Notas de Amor a Uno Mismo” ya que se centra en escribir notas alentadoras para ti mismo. Como en otros hechizos, deberías tener al menos siete notas, pero puedes escribir tantas como desees.

Los ingredientes para este hechizo incluyen una vela pilar naranja, una vela de hechizo naranja, pequeños trozos de papel y aceite esencial de bergamota, que es opcional. Si bien puedes usar cualquier color de papel, muchas personas prefieren usar naranja, ya que traerá más energía de este color al hechizo.

1. Si estás utilizando aceite esencial, unge la vela del hechizo con aceite.

2. Enciende la vela pilar y tómate unos minutos para despejar tu mente. Quieres concentrarte en deshacerte de tus emociones negativas y atraer más emociones positivas.

3. Una vez que tu mente esté clara y positiva, comienza a escribir mensajes de aliento para ti mismo. Puedes escribir mensajes como "¡Tú puedes!" o "¡Lo estás haciendo genial, sigue adelante!" No importa lo que escribas, necesitas asegurarte de estar de acuerdo con lo que estás escribiendo.

4. Toma todos los mensajes que escribiste y colócalos en un círculo alrededor de la vela del hechizo. Al colocar cada mensaje alrededor de la vela, asegúrate

de leerlo en voz alta, ya que esto comenzará a darte un impulso de ánimo.

5. Una vez que sientas el aliento, enciende la vela del hechizo y di las siguientes palabras o similares:

"Todas las palabras positivas que digo me traen más alegría y luz. Así es."

6. Deja que la vela del hechizo se apague por sí sola si puedes. De lo contrario, querrás volver a encender la vela del hechizo para permitir que se apague por sí sola. La vela de pilar puedes extinguirla cuando el hechizo haya terminado y encenderla siempre que necesites un impulso extra de ánimo.

7. Toma las notas y colócalas alrededor de tu hogar, vehículo, en tu bolso o donde sea que las veas de forma aleatoria a lo largo del día.

Hechizo de Baño de Empoderamiento

Mientras que la mayoría de los hechizos de baño se utilizan para purificar y sanar, este hechizo se enfoca más en darte valor para continuar con una situación difícil.

Los ingredientes para este hechizo incluyen una vela naranja, de una a dos cucharadas de cáscaras de naranja secas, de cinco a siete gotas de aceite esencial de naranja y cualquier otra vela que desees usar para la atmósfera.

1. Tómate un tiempo para despejar tu mente.

2. Empieza a correr el agua del baño. Querrás que esté

tibia, pero no demasiado caliente. No te sumerjas hasta que todos los ingredientes estén en el agua del baño.

3. Una vez que la bañera esté llena de agua, añade las cáscaras de naranja secas y el aceite esencial.

4. Enciende la vela naranja junto con cualquier otra vela que hayas elegido utilizar. Apaga todas las demás luces.

5. Entra en la bañera y siéntate. Una vez que estés en un ambiente relajado, toma algunas respiraciones profundas y lentas. Enfócate en tu respiración mientras permites que el olor entre en tu cuerpo.

6. Visualiza la situación para la que estás pidiendo a los poderes superiores que te den más valor. Llévate a ti mismo a esa situación e imagina que todo salió bien. Tuviste el valor para manejar la situación y tuviste éxito.

7. Una vez que tengas una fuerte sensación de éxito sobre la situación, respira hondo. Al inhalar, visualiza un resplandor naranja alrededor de tu cuerpo. Al exhalar, imagina que tu visión y todo lo que te estaba molestando está saliendo de tu cuerpo.

8. Sigue tomando tiempo y relájate en tu baño. Disfruta del aroma y la tranquilidad. Una vez que hayas terminado, puedes apagar todas las velas.

Navegando a Través del Hechizo de Cambio Repentino

La mayoría de las personas luchan con el cambio, ya

sea positivo o negativo. Sin embargo, las personas tienden a tener más dificultades con el cambio repentino que con cualquier otro tipo de cambio. Esto se debe a que el cambio es inesperado, lo que significa que no te permitieron prepararte, lo que te lleva a desequilibrarte.

La mejor manera de manejar el cambio es ver el cambio de manera positiva. Desafortunadamente, esto no siempre es fácil de hacer. Por lo tanto, muchas personas recurrirán a este hechizo para ayudarles a manejar el cambio repentino. El Hechizo para Navegar a Través del Cambio Repentino te ayudará a encontrar tu equilibrio y te permitirá superar el cambio viéndolo como una dirección positiva para tu vida.

Los ingredientes que necesitarás para este hechizo son una vela de pilar naranja, papel de escribir, aceite esencial de Bergamota o de naranja, y un difusor o quemador de aceite.

1. Vierte un poco de tu aceite esencial en el difusor y pasa unos minutos despejando tu mente.

2. Una vez que te sientas más centrado, toma el papel y comienza a escribir libremente sobre la situación cambiante. Comienza identificando el cambio y luego pasa a por qué te gustaba cómo estaba todo antes.

3. Comienza a pensar en los resultados positivos de esta situación. ¿Cómo afectará esta cambio tu vida de manera positiva? No necesitas pensar en cómo ocurrirán estos resultados, solo necesitas abrir tu mente e imaginar los resultados positivos.

4. Querrás dedicar unos 15 a 20 minutos a la escritura libre. Mientras lo haces, imagina una luz naranja brillando a tu alrededor.

5. Una vez que hayas terminado de escribir libremente, dobla el papel y colócalo junto a la vela. Di las siguientes palabras o similares:

"El viento trae cambio, que se transforma en un soplo de vida. Ahora estoy centrado y enraizado. Estoy listo para las nuevas bendiciones. Que así sea."

6. Puedes apagar la vela y luego moverla a donde quieras en tu casa. Enciende esta vela cada vez que sientas que necesitas un poco más de aliento cuando enfrentas un cambio.

Capítulo 7: Cristales y Hechizos

Las culturas de todo el mundo han utilizado cristales y piedras en la magia durante siglos. De hecho, son parte de algunos de los hechizos más antiguos del mundo conocidos hasta la fecha. Los hechizos más comunes que se utilizaban en la antigüedad eran hechizos de protección, buena suerte y prosperidad. Hoy en día, la gente continúa usando cristales en hechizos porque cree que estos objetos están vivos a su manera. Mientras estemos abiertos a escucharlos, se comunicarán con nosotros para ayudar a mejorar nuestras vidas y las vidas de otras personas.

Los dos propósitos principales de los cristales en los hechizos son la energía y la curación emocional. Los hechizos discutidos en este capítulo estarán organizados por piedra, así como el capítulo anterior organizó los hechizos por color. Puedes comprar cristales en ciertas tiendas que tienen objetos mágicos o en línea. Aunque no importa cómo adquieras los cristales, quieres asegurarte de limpiarlos completamente. Deseas limpiarlos de sus energías pasadas ya que quieres que su enfoque total esté en tus energías. Hay varios métodos que puedes usar para limpiar tus cristales. Una forma es pasarles agua durante un período de varios minutos. Otra forma es enterrarlos en la tierra o en sal durante la noche.

Después de limpiar tus cristales, quieres recargarlos. Puedes hacer esto colocándolos al sol. Sin embargo, debes asegurarte de que los cristales no se desvanezcan si haces esto. Otra forma de cargar tus cristales es a través de la luz de la luna. De hecho, muchas personas los cargan durante la luna llena o nueva.

También necesitas recordar que la limpieza y la carga deben hacerse regularmente. Algunas personas lo hacen mensualmente siguiendo el calendario de la luna nueva. Otras personas lo hacen trimestralmente. Sea lo que decidas hacer, quieres asegurarte de crear tu propio sistema y cumplir con él.

Todos los hechizos mencionados en este capítulo asumen que ya has limpiado y cargado tus cristales.

Amatista

La amatista es un cristal púrpura. Hay muchos tonos diferentes de púrpura, y los antiguos griegos usaban este cristal como una forma de prevenir la embriaguez. La amatista está estrechamente asociada con el Elemento Aire. Se conoce por traer paz y crear equilibrio emocional, espiritual y físico. La amatista también es conocida por ayudar a las personas a superar el sufrimiento y el duelo. Muchas personas utilizan la amatista para ayudar a resolver conflictos, ya que se sabe que disipa actitudes confrontativas. Este cristal también se puede utilizar para protección y motivación.

Baño de Hechizo para la Paciencia y la Flexibilidad

Las personas a menudo usarán cristales en su baño, ya que esparcirán las energías dentro del agua, lo que significa que básicamente estás empapándote de la energía del cristal. Este hechizo es genial para cualquiera que sienta que está teniendo dificultades con la flexibilidad y la paciencia. No hay nada de malo en encontrarte luchando. Sin embargo, a la mayoría de las personas no les gustan estos sentimientos negativos.

Un consejo útil cuando se trata de este hechizo es añadir aceite esencial de lavanda en el agua de tu baño. Esto aumentará la fuerza del hechizo. También te ayudará a añadir aceites esenciales en el agua de tu baño.

Los ingredientes para este hechizo son un cristal de amatista, preferiblemente de tamaño mediano a grande, aceite esencial de lavanda, que es opcional, y una vela morada o blanca.

1. Abre el agua para el baño y enciende la vela.

2. Cuando la bañera esté medio llena, añade unas gotas de aceite esencial de lavanda.

3. Mientras sostienes la amatista en tus manos, entra en la bañera y coloca el cristal bajo el agua corriente.

4. Toma cuatro respiraciones profundas y lentas. Siempre que exhales, imagina que liberas parte de tu tensión.

5. Cuando la bañera esté a tu nivel de agua deseado, apaga el agua y coloca la amatista en el suelo al lado de la bañera.

6. Pasa al menos de 15 a 20 minutos en la bañera relajándote.

7. Drena el agua, pero permanece en la bañera. Esto permitirá que toda la energía negativa salga de tu cuerpo, hacia el agua, y luego baje por el desagüe.

8. Apaga la vela y luego limpia y recarga tu amatista antes de usarla para un hechizo diferente.

Rompe el Hechizo de la Adicción

No importa qué tipo de adicción tengas, puedes usar tu amatista para ayudar a liberarte de tu adicción. Esto se debe a que la amatista es conocida por tener algunas de las energías pacíficas más poderosas de cualquier cristal. Además, el objetivo de este hechizo es protegerte de tus viejos y malos hábitos y ayudarte a crear hábitos nuevos y mejores.

Antes de continuar, es importante que tome un momento para decir que este hechizo no debe ser utilizado si está luchando con una adicción grave a las drogas, un trastorno alimentario o alcohol. Si usted o alguien que conoce tiene un problema grave, necesita obtener ayuda profesional. No hay hechizos que deban reemplazar la ayuda profesional y legal. Este hechizo debe ser utilizado como un paso en su proceso de recuperación y no como una forma de vencer una adicción grave con la que está luchando.

Los ingredientes para este hechizo son una vela morada o negra, amatista, un plato a prueba de fuego y un par de trozos de papel.

1. Enciende la vela.

2. Medita o pasa algún tiempo creando calma y tranquilidad en tu mente.

3. Una vez que te sientas centrado, toma un trozo de papel y escribe todos los efectos negativos que tu adicción ha tenido en ti, tus amigos, tu familia y cualquier otra parte de tu vida.

4. Sostén la amatista entre las palmas de tus manos y respira hondo de tres a cuatro veces con los ojos cerrados.

5. Visualiza que te estás liberando de todos los efectos negativos de tu adicción que acabas de escribir en un trozo de papel. Mientras haces esto, imagina que las energías del cristal están entrando en tu cuerpo. En otras palabras, están comenzando a transformar tus emociones negativas en positivas.

6. Coloca la amatista en tu mano izquierda.

7. Toma el trozo de papel con los efectos negativos y colócalo en la llama de la vela. Una vez que el papel esté en llamas, déjalo caer en el plato a prueba de fuego.

8. Mientras miras el humo ascender del papel, di las siguientes palabras o palabras similares:

"Juntos, el poder divino y mi energía se fusionan. Esto

me libera de la trampa. Mi vida ahora es mía. Que así sea."

9. Mientras sostienes tu amatista, toma tres o cuatro respiraciones más profundas y lentas.

10. Toma el segundo trozo de papel y escribe una lista de todos los efectos positivos de romper con tu adicción. Mientras haces esto, asegúrate de comenzar a sentirte ansioso y emocionado por este nuevo capítulo en tu vida.

11. Una vez que hayas terminado de escribir, dobla el papel tres veces y colócalo frente a la vela.

12. Deja que la vela se consuma por sí misma.

13. Guarda el papel con los efectos positivos sobre ti en tu bolso, o colócalo en un lugar seguro dentro de tu hogar. Esto será un recordatorio de por qué estás trabajando para liberarte de tu adicción. Dependiendo del tamaño del trozo de amatista que uses, también puedes llevarlo contigo como un recordatorio y una forma de aumentar continuamente tus energías.

Piedra de luna

La piedra de luna puede venir en varios colores y es un Elemento de Agua. Estos cristales se utilizan típicamente para la protección. Sin embargo, también se pueden usar para la intuición femenina, la serenidad y la fertilidad.

Hechizo de Mejora de Fertilidad

Este hechizo de fertilidad con piedra lunar es un favorito, porque el cristal trabaja para proteger a las mujeres. Por lo tanto, esto se convierte en una ventaja adicional al lanzar el hechizo para promover la fertilidad. Este hechizo tiene como objetivo ayudar a las personas que están angustiadas por los desafíos de crear una nueva vida. Muchas personas que luchan con la fertilidad comienzan a sentirse derrotadas a medida que cada mes que pasa trae más decepción. El resultado de esto a menudo puede ser más dificultad para quedar embarazada. Esto se debe a que generalmente puedes concebir más fácilmente si estás relajada, tranquila y en paz.

Los ingredientes para este hechizo son una aguja, hilo, una camisa que usas con frecuencia, un pequeño cuadrado de tela verde y una pequeña piedra lunar.

1. Tómate un tiempo para asegurarte de centrarte. Mientras lo haces, querrás sostener la piedra de luna entre tus palmas y concentrarte en tu respiración. Toma algunas respiraciones profundas y lentas.

2. Visualízate a ti y a tu pareja convirtiéndose en padres. Deja que esta energía fluya hacia la piedra lunar. Asegúrate de visualizar no solo el momento en que descubren el embarazo, sino también el nacimiento de tu bebé.

3. Cuando termines de visualizar, da la vuelta a tu camiseta y encuentra un lugar para colocar la piedra lunar donde no te moleste cuando lleves puesta la camiseta.

4. Coloca la tela verde sobre la piedra de luna y cose la camisa y la tela juntas. Esto mantendrá la piedra de luna en su lugar. Mientras coses, piensa en cómo la

tela y la camisa están creando un útero para la piedra de luna. Recuerda, esta piedra de luna representa tus intenciones de traer nueva vida al mundo.

5. Una vez que hayas terminado de coser, sostiene la piedra lunar envuelta entre las palmas de tus manos y di las siguientes palabras o palabras similares:

"Nuevo bebé mío, te doy la bienvenida a esta vida."

6. Ponte la camisa y úsala durante el resto del día. También querrás dejar la piedra luna en la bolsa y llevar la camisa tan a menudo como desees.

7. Una vez que descubras que has creado una nueva vida, puedes quitar el tejido y la piedra de luna de la camisa. Luego, cose la piedra de luna dentro del tejido como un recuerdo para tu hijo.

Hechizo de piedra lunar soñadora

Los sueños están destinados a darnos mensajes de las fuerzas superiores y del universo. Sin embargo, cuando nuestras vidas son caóticas y ocupadas, a menudo encontramos que nuestros sueños no tienen sentido. Esto nos hace perder los mensajes importantes que estamos destinados a recibir. Cuando esto sucede, necesitas encontrar una manera de despejar tu mente subconsciente nublada. Puedes hacer esto de muchas maneras, pero una de las principales es a través del uso de una piedra lunar, ya que este cristal se conecta con las mareas psíquicas y cambiantes de la luna.

Los ingredientes que necesitarás para este hechizo son cuatro pequeñas piedras lunares para rodearte, papel para escribir, un utensilio de escritura y una vela de plata. Mientras lanzas este hechizo, puedes dar el paso adicional y pedir que la guía llegue a ti la noche en que realices este hechizo.

1. Enciende la vela de plata. Tómate unos minutos para crear una mente tranquila. Puedes hacer esto a través de la meditación o tomando algunas respiraciones profundas y lentas.

2. Si tienes una pregunta o inquietud específica sobre tus sueños, escribe esto en la parte superior del papel.

3. Coloca las piedras lunares en tus manos y manténlas allí. Mientras haces esto, visualiza tu energía fluyendo hacia las piedras lunares. Pide en silencio que las piedras aprovechen tu energía, ya que esto te ayudará a recibir los mensajes en tus sueños.

4. Toma las piedras de luna y coloca cada una en una esquina de tu cama. Al colocar cada piedra, di las siguientes palabras o palabras similares:

"Por la luz de la luna, mi sueño fluirá y me permitirá recibir sus mensajes. Así sea."

5. Apaga la vela antes de quedarte dormido. Asegúrate de tener el papel para escribir y el bolígrafo junto a tu cama para que puedas anotar los sueños cuando te despiertes.

Jade

Jade es uno de los cristales que ha traído su magia a través de los tiempos antiguos hasta el presente. La gente solía sostener este cristal cuando estaban tomando decisiones, ya que creían que les ayudaría a tomar la decisión correcta. Hoy en día, la gente cree que el jade les ayuda a aliviar el estrés, razón por la cual tantas personas lo llevan consigo.

Jade es un Elemento de Agua. Proporciona vibraciones de calma y protección. El cristal promueve la sabiduría, la paz y el equilibrio en momentos de estrés. Cuando sientes que estás atrapado en viejos patrones emocionales, este cristal puede ofrecerte una liberación que te permite concentrarte en establecer nuevos patrones. Aporta claridad a una mente y alma confundidas. La gente usa jade en hechizos para la jardinería, la abundancia, la protección, el trabajo onírico y el nuevo amor.

Resolviendo Sentimientos de Culpa Hechizo

La culpa es una emoción poderosa en nuestras vidas. Las personas se sienten culpables cuando cometen un error, dicen algo que no deberían, hicieron algo malo hace mucho tiempo, están atravesando la muerte de un ser querido, o incluso por algo que no hicieron. La culpa persistente puede quitar nuestra felicidad. Puede hacernos aferrarnos a nuestras emociones negativas, que comienzan a apoderarse de nuestras emociones positivas. Esto puede empezar a nublar nuestro juicio y disminuir nuestra autoestima.

A veces, las personas se aferran a la culpa porque les cuesta disculparse. Esto puede ser porque sienten vergüenza, no saben cómo hacerlo, o tienen miedo de que la persona no los perdone. Cuando las personas necesitan disculparse para superar su culpa, pueden carecer de valor. Es en este momento cuando este hechizo se vuelve útil. El objetivo del Hechizo para

Resolver Sentimientos de Culpa es darte el valor para disculparte cuando lo necesites, lo que te ayudará a seguir adelante con tu vida.

Los ingredientes para este hechizo son al menos una pieza de jade en bruto. Puedes usar más de una si lo deseas. También necesitarás papel, un utensilio para escribir, una vela de hechizo de color azul claro y una pala.

1. Enciende la vela y tómate un tiempo para pensar por qué te sientes culpable. Si lo necesitas, puedes escribir las razones en el papel.

2. Una vez que hayas completado el primer paso, coloca el cristal de jade en la palma de tu mano dominante.

3. Imagina la situación que te causó esta culpa. Luego puedes imaginar las energías de esta situación fluyendo hacia el cristal.

4. Visualízate haciendo una disculpa por cualquier error que hayas cometido.

5. Visualiza la energía sanadora de tu disculpa fluyendo en la palma de tu mano no dominante.

6. Coloca tu mano no dominante sobre tu mano dominante y sostiene el cristal entre tus palmas. Visualiza cómo las energías se mezclan y fluyen hacia el cristal. Si necesitas repetir este proceso con otro cristal, hazlo tantas veces como sea necesario.

7. Una vez que este proceso esté completo, toma tu cristal y encuentra un lugar para enterrarlo en la tierra. Esto liberará las energías, lo que te permitirá avanzar. Por supuesto, si tienes otras personas a las

que necesitas disculparte, puedes repetir este hechizo tantas veces como sea necesario. Sin embargo, siempre debes asegurarte de que tus disculpas sean necesarias para que puedas avanzar. No deberías disculparte por nada que no hiciste.

Hechizo para Restaurar el Equilibrio

Contrario a la creencia popular, el estrés puede ser beneficioso. La razón principal por la que las personas luchan con el estrés es porque les hace pensar en sus vidas ocupadas, en todo lo que necesitan hacer y en qué facturas deben pagar. Sin embargo, el beneficio del estrés es que nos permite ver cuándo estamos emocional, mental y espiritualmente fuera de equilibrio. Por lo tanto, cuando te sientes estresado, uno de los pasos que puedes seguir es realizar este hechizo.

Los ingredientes que necesitarás para restaurar el equilibrio en tu vida son el símbolo del yin-yang, que puede ser dibujado, pintado o un objeto como un llavero. También necesitarás dos cristales de jade.

1. Coloca el símbolo del yin-yang en tu espacio de trabajo o altar.

2. Toma las piezas de cristal y coloca una a cada lado del símbolo.

3. Mientras enfocas tu atención en el símbolo, tómate un tiempo para calmar tu mente.

4. Toma tu mano izquierda y recoge el cristal a la derecha del símbolo. Sosténlo firmemente en la palma de tu mano.

5. Con tu mano derecha, recoge el cristal a la izquierda del símbolo. Sosténlo firmemente en la palma de tu mano. Intenta asegurarte de que estás sosteniendo los cristales con igual fuerza.

6. Coloca una palma sobre la mitad negra del símbolo y la otra palma sobre la mitad blanca.

7. Toma tres respiraciones profundas y lentas mientras mantienes tus palmas sobre el símbolo.

8. Visualiza cómo las energías del símbolo y los cristales están restaurando el equilibrio en tu vida. Piensa en las áreas de tu vida que necesitan más equilibrio y permite que el símbolo y el cristal ayuden a restaurar este equilibrio.

9. Cuando hayas terminado de visualizar, coloca los cristales directamente encima del símbolo. Déjalos así hasta que sientas que el equilibrio ha sido restaurado en tu vida.

Ojo de tigre

Todos necesitamos pasar por cambios necesarios, y el ojo de tigre nos ayudará. Este cristal también se conoce por ayudar a enfocar nuestras mentes, mejorar visiones espirituales y aportar claridad. Se sabe que el ojo de tigre nos da integridad y coraje. Puede protegernos de ataques psíquicos y es parte de los Elementos de Tierra y Fuego.

Hechizo de Coraje Ojo de Tigre

Este hechizo es conocido por brindar coraje en las situaciones más difíciles, como la guerra. Te dará un escudo protector que te ayudará a establecer coraje interno para que puedas continuar con la tarea en cuestión. No importa para qué necesites coraje, este hechizo te ayudará con cualquier cosa, desde conocer a la familia de tu pareja por primera vez hasta hablar en público.

Los ingredientes que necesitarás para este hechizo son una vela roja de hechizo, cuatro piezas de ojo de tigre y una pequeña bolsa de tela.

1. Tómate un tiempo para centrarte. Puedes hacerlo a través de la meditación o simplemente respirando hondo y lentamente unas cuantas veces.

2. Visualiza la situación que te preocupa. Tómate un tiempo para imaginar que has completado la tarea y ahora te sientes aliviado. Asegúrate de poder sentir esta sensación de alivio. No importa cómo haya ido la tarea, lo que importa es que sientas alivio y estés orgulloso de tu logro.

3. Una vez que tengas este sentimiento, enciende la vela. Toma uno de los cristales y colócalo directamente frente a la vela. Al hacer esto, di las siguientes palabras o similares:

"Porque reconocí mis miedos, me honro a mí mismo."

4. Toma el segundo ojo de tigre y colócalo detrás de la vela. Querrás asegurarte de que el segundo cristal esté alineado directamente con el primer cristal. Mientras haces esto, di las siguientes palabras o similares:

"Confío en que mis palabras serán guiadas por mi intuición."

5. Toma el tercer cristal y colócalo a la derecha de la vela. Al hacer esto, di las siguientes palabras o similares:

"Creo que puedo comunicarme con integridad."

6. Toma el cuarto cristal y colócalo a la izquierda de la vela. Quieres asegurarte de que el cuarto cristal esté directamente alineado con el tercer cristal. Mientras haces esto, di las siguientes palabras o similares:

"No importa las acciones de otros, permanezco en mi soberanía."

7. Deja que la vela se apague por sí sola.

8. Coloca los cristales en la bolsa de tela y llévalos contigo mientras te enfrentas a este encuentro. Cuando estés en el momento en que más se necesita coraje, visualiza los cristales creando un escudo protector a tu alrededor.

Hechizo de Reenfoque para Proyectos a Largo Plazo

Cuando trabajas en proyectos a largo plazo, puedes encontrarte perdiendo el enfoque. Esto podría ser porque te estás volviendo desinteresado en el trabajo, ya que podrías sentir que necesitas diferentes proyectos para mantenerte motivado. Esto también sucede porque las personas comienzan a enfocarse demasiado en los pequeños detalles en lugar de en el panorama general. Cualquiera que sea la razón, este hechizo del ojo de tigre te ayudará a reenfocar tu proyecto para que puedas dar lo mejor de ti y continuar.

El cristal de ojo de tigre funciona para este hechizo porque se conoce como el "ojo que todo lo ve". Esto significa que puede ver una cierta situación desde todas las direcciones. Reunirá las energías del proyecto para formar un todo, lo que te permitirá ver el panorama general en lugar de los detalles minuciosos.

Para este hechizo, necesitarás una hoja de papel azul o amarillo. El tamaño estándar es perfecto. También necesitarás un cristal de ojo de tigre de tamaño mediano o grande, un utensilio de escritura y varios trozos pequeños de papel.

1. Coloca el papel amarillo o azul en tu altar y pon el ojo de tigre directamente en el medio.

2. Toma los pequeños trozos de papel y escribe una frase o palabra que describa una parte del proyecto con la que estás teniendo problemas. Estas dificultades pueden ser grandes o pequeñas. Por ejemplo, podrías estar luchando con una sección del proyecto, la fecha límite o trabajar con alguien.

3. Cuando hayas terminado de anotar tus problemas, coloca tu enfoque en el ojo del tigre.

4. Visualízate mirando el proyecto desde arriba. Imagina que estás viendo cómo se reúne todo el proyecto.

5. Mantén esta visión en tu mente durante unos

minutos, ya que esto permitirá que tu autoconfianza crezca.

6. Una vez que sientas que puedes terminar el proyecto con confianza, recoge todos los pequeños trozos de papel y dóblalos en la hoja de papel más grande.

7. Toma el cristal de ojo de tigre y colócalo encima del papel doblado. Deja esto en tu altar o en un espacio diferente dentro de tu hogar hasta que el proyecto esté terminado.

Cuarzo Rosa

Como muchos otros cristales, el cuarzo rosa se remonta a tiempos antiguos. Los griegos y romanos solían usar el cuarzo rosa en sus joyas. Los antiguos egipcios creían que el cuarzo rosa ayudaría a preservar la belleza. Hoy en día, se sabe que el cuarzo rosa ayuda a resaltar la compasión y el amor, ya que tiene un hermoso tono rosado. El cuarzo rosa a menudo se llama la piedra del amor y es parte del chakra del corazón. Esta piedra te ayudará con cualquier culpa, trauma emocional, resentimientos y ira.

El cuarzo rosa está asociado con los Elementos de Agua y Tierra. Usar este cristal te ayudará a aumentar tu autoestima y te recordará tratarte con amabilidad y perdón. El cristal trabaja para enseñarnos el amor incondicional y mejorar nuestra conciencia interna. Otra razón para usar este cristal es protegerte de la ira y las pesadillas de otras personas. Ayuda a restaurar la paz en un entorno donde hay mucho conflicto.

Hechizo de Luz Brillante de Autoconfianza y Amor Propio

Vivimos en un mundo donde las personas se enfocan en elementos materialistas. Esto a menudo puede hacernos perder de vista el cuidado de nosotros mismos y asegurarnos de darnos el amor propio que deseamos como humanos. La mayoría de las personas tienden a mirar hacia sus habilidades y logros cuando necesitan darse confianza en sí mismos. Si bien quieres sentirte orgulloso de tus habilidades y de lo que logras, esto no es lo que se necesita para darte amor propio.

La única manera de darte el amor propio que deseas es desde adentro. Ocurre cuando encontramos la paz dentro de nosotros mismos. Cuando nos damos cuenta de que se cometerán errores y que esto es parte de la vida, ya que nos ayuda a crecer y a convertirnos en mejores personas. Encontramos nuestro verdadero amor propio cuando podemos darnos cuenta de que somos dignos de amor, sin importar lo que hagamos en este mundo.

Si estás luchando con la autoconfianza, el amor propio o la aceptación de ti mismo de alguna manera, este es un hechizo que querrás realizar. Su objetivo es ayudarte a darte cuenta de que eres digno del amor que recibes de todos, incluido tú mismo. A muchas personas les gusta realizar este hechizo con pequeños cuarzos rosa, como un amuleto o collar. Esto les permite llevar el cristal a donde quiera que vayan, lo que ayuda a construir su amor propio, confianza y aceptación.

Los ingredientes para este hechizo son una vela naranja, una vela rosa y un cristal de cuarzo rosa.

1. Coloca las dos velas en tu altar con suficiente espacio para que puedas poner el cuarzo rosa entre ellas.

2. Tómate un tiempo para meditar o despejar tu mente con algunas respiraciones profundas y lentas.

3. Después de haber calmado tu mente, enciende la vela rosa y di las siguientes palabras o similares:

"El amor por mí mismo brilla con esta luz."

4. Enciende la vela naranja y di las siguientes palabras o similares:

"Mi autoexpresión brilla con esta luz."

5. Toma el cuarzo rosa y colócalo entre la palma de tus manos. Mientras sostienes el cristal, siente la energía que emana de él y visualiza la energía fluyendo de ti hacia el cristal. Mientras haces esto, querrás concentrarte en las llamas de las velas.

6. Tómate un momento para permanecer en la tranquilidad de tu mente. Luego, respira hondo y despacio unas cuantas veces. Cierra los ojos y di las siguientes palabras o similares:

"Me amo. Me acepto. Confío en mí mismo. Con esta luz, brillo intensamente. Dejo que todo el mundo vea esta nueva luz que tengo."

7. Apaga las velas. Toma el cuarzo rosa y úsalo o llévalo contigo a donde quiera que vayas. Una vez que empieces a sentir que tu amor propio, autocompasión y autoconfianza crecen dentro de ti, limpia el cristal para su próximo hechizo.

Liberando Emociones y Dolor No Expresados Hechizo

¿Alguna vez te has encontrado luchando por encontrar las palabras adecuadas para explicar cómo te sientes? Si esto te ha sucedido, no estás solo. De hecho, la mayoría de las personas se encuentra en esta situación durante tiempos difíciles. Mientras las personas sienten que pueden superar las emociones no expresadas, a menudo persisten dentro de nosotros. Esto puede crear un dolor emocional inesperado, y no sabemos de dónde proviene. A veces, no somos conscientes de este dolor, ya que está oculto en nuestra mente subconsciente. Este hechizo es para ayudarte a liberar estas emociones y dolor negativos no expresados.

Aunque ninguno de nosotros quiere atravesar dolor, trauma y tristeza, necesitamos superar estas emociones para realmente avanzar y ser felices. Después de todo, si continuamos aferrándonos a la negatividad, no tendremos espacio para aumentar la positividad en nuestras vidas. Necesitamos liberar viejas heridas para que puedan sanar.

Los ingredientes para este hechizo son una vela de hechizo rosa, un cristal de cuarzo rosa y aceite esencial de lavanda, que es opcional.

1. Tómate unos minutos para meditar o calmar tu mente después de encender la vela rosa.

2. Porque deseas que la energía venga directamente de tu corazón, colocarás el cuarzo rosa en tu mano izquierda. Sin embargo, también puedes tomar el cuarzo rosa y colocarlo directamente sobre tu corazón. Se sabe que esto ayuda a aumentar el poder dentro del hechizo.

3. Tómate de tres a cuatro minutos y concéntrate en las energías y pensamientos que deseas liberar. Quieres centrarte en la negatividad que has estado guardando dentro de ti. Esto se puede hacer pensando en el evento, en las palabras que dijiste, o en cualquier cosa que venga a tu mente. No importa cuál sea el

pensamiento, necesitas aceptarlo y sentirlo. Estás pidiendo que todas estas emociones negativas pasen de tu subconsciente a tu mente consciente. Esto significa que generalmente no estás consciente de estos pensamientos. Por lo tanto, pueden venir como un shock para ti, pero esto no significa que estén mal.

4. Da a tu cuarzo rosa permiso para sanar tus emociones y pensamientos negativos. Puedes visualizar otorgando permiso al cristal y el cristal iluminándose con su radiante luz rosa. Puedes imaginar esta luz llenando tu cuerpo, comenzando por tu mano, subiendo por tus hombros y entrando en tu pecho.

5. Concéntrate en tu respiración. Al inhalar, trae las energías del cuarzo rosa a tu cuerpo. Al exhalar, visualiza toda la negatividad siendo liberada desde dentro de ti.

6. Si estás usando aceite de lavanda, unge el cristal.

7. Encuentra un lugar en la naturaleza para enterrar tu cristal en silencio con el fin de que la negatividad que sostiene en su interior se libere. Querrás dejarlo allí por unas 24 horas, ya que el cristal se limpiará a sí mismo.

Piedra de Sangre

Mientras que la mayoría de las personas piensan que el heliotropo es rojo, en realidad es principalmente de un verde oscuro con manchas de rojo y marrón. Desde el mundo antiguo, el cristal de heliotropo se ha utilizado para ayudar a sanar y purificar a las personas y el entorno que las rodea. El heliotropo es un Elemento de Fuego y aporta protección, disipa la energía negativa, aumenta la claridad mental y brinda sanación emocional.

Hechizo de Protección contra el Acoso Escolar

Todos tratamos con matones. A veces terminamos siendo el matón. Cualquiera que sea el caso, el cristal de piedra sanguínea puede ayudarte a superar la negatividad asociada con el acoso. La forma en que esto funciona es dándote un círculo de protección que ahuyentará al matón. Esto se debe a que sentirán que ya no pueden afectarte. Siempre es importante recordar que los matones prosperan con las reacciones de la otra persona.

Los ingredientes para este hechizo incluyen una vela negra para hechizos y una pequeña piedra de sangre, como un collar o un amuleto.

1. Enciende la vela del hechizo negro.

2. Siéntate y coloca el cristal en tu regazo.

3. Quieres comenzar visualizando el círculo de protección creciendo. Empezará como un orbe verde en tu regazo. Luego comenzará a crecer mientras te envuelve dentro de él.

4. A medida que el círculo verde está a tu alrededor, imagina que hay destellos de luz roja a lo largo del borde exterior del círculo. Estas luces rojas son una advertencia para el matón, que les dirá que no debes dejarte afectar por sus tonterías.

5. Continúa esta visualización hasta que empieces a sentir una sensación de calma y paz apoderarse de tu cuerpo. Luego puedes colocar el cristal entre las palmas de tus manos y decir las siguientes palabras o palabras similares:

"Con el fuego de Mar y el corazón de la Tierra, recibo protección de cualquiera que desee hacerme daño. Este cristal me protegerá de sus miradas y palabras. Los enviará por su camino. Así sea."

6. Coloca la piedra de sangre frente a la vela negra de hechizo y permite que la vela se consuma por sí sola.

7. Lleva la piedra de sangre dondequiera que vayas a estar en contacto con la persona de la que estás tratando de protegerte.

Hechizo para Fortalecer la Relación entre Madre e Hijo

Antes de pensar en lanzar este hechizo, es importante recordar que toda relación tendrá desacuerdos y momentos difíciles. No debes confundir un desacuerdo regular con la necesidad de fortalecer tu relación. También debes darte cuenta de que hay momentos en los que puedes estar en desacuerdo más de lo normal. Esto es típico, y aunque aún puedes usar este hechizo como una ayuda para fortalecer tu relación, también debes darte cuenta de que esto es parte de la vida.

También quieres ser consciente de que no estás tratando de manipular a la otra persona para que se comporte de una manera determinada. Este hechizo se utiliza para fortalecer el vínculo entre una madre y su hijo. Por ejemplo, si tienes una relación hostil con tu madre o hijo, es cuando usarás este hechizo.

Los ingredientes en este hechizo son joyería con un cristal de piedra de sangre, como un collar o anillo, y una vela rosa.

1. Enciende la vela rosa y coloca las joyas de piedra de sangre justo enfrente de ti.

2. Tómate un momento para despejar tu mente a través de la meditación o inhalando y exhalando lentamente unas cuantas veces.

3. Toma la joyería y sostenla entre las palmas de tus manos.

4. Visualízate comunicándote con la persona con la que deseas fortalecer el vínculo. Imagina que puedes tener una conversación tranquila y pacífica, incluso cuando las emociones comienzan a intensificarse. Puedes ser tan detallado como desees en esta visualización. Por ejemplo, puedes crear una conversación clara en el ojo de tu mente donde ambos discuten su día o resuelven los problemas que están teniendo el uno con el otro.

5. Una vez que hayas completado tu visualización, dirige tu enfoque hacia la piedra de sangre. Mientras la sostienes en tus manos, di con calma las siguientes palabras o similares:

"Por encima y por debajo, nuestra relación siempre crecerá. Por encima y por debajo, llenamos nuestra comunicación de amor y compasión. Así sea."

6. Apaga la vela o déjala consumir por sí sola. Toma las joyas y regálalas a la persona con la que deseas establecer un vínculo.

Capítulo 8: Hierbas y Hechizos

Siempre puedes agregar hierbas a los hechizos. Cuanto más entiendas sobre las hierbas y lo que significan, más podrás adornar tu vela con hierbas, ya que esto ayudará a fortalecer el poder del hechizo. Mientras que a algunas personas les gusta usar muchas hierbas o mezclarlas dentro de un hechizo, a otras les gusta ceñirse a una o dos hierbas por hechizo. Como principiante, siempre es mejor mantenerse con la menor cantidad de ingredientes posible dentro de un hechizo, ya que así podrás concentrarte más en la energía en lugar de asegurarte de que estás usando todos los ingredientes correctamente.

Puedes encontrar la mayoría de las hierbas en cualquier tienda de comestibles en su sección de especias. Sin embargo, algunas de las hierbas, como el diente de león y la ajedrea, pueden ser un poco más difíciles de encontrar.

Así como deseas cargar tus velas y cristales, también quieres asegurarte de cargar tus hierbas. Hay muchos métodos que puedes utilizar para cargar tus hierbas, y a veces se enfocan en qué hierba estás pensando en cargar. Sin embargo, un método que puedes utilizar, que es fácil y puede cargar casi cualquier hierba, es colocando la hierba encima de un pentáculo que ya está cargado. Luego hablarás sobre el hechizo que realizarás al pronunciar palabras de intención. Siempre puedes llamar a un poder superior para que te ayude a guiarte.

También querrás pensar en las porciones al realizar hechizos con hierbas. Mientras que algunos hechizos no te dan las proporciones, generalmente es una cucharadita a unas pocas o una cucharada a unas pocas. Nunca necesitas preocuparte por medir la cantidad exacta cuando realizas un hechizo. De hecho, muchas personas dicen que es mejor seguir tus instintos. Cuando sientes que tienes suficientes hierbas para el hechizo, entonces debes seguir esto. Si no sientes que tienes suficientes hierbas, entonces querrás añadir algunas hasta que sientas que todo está bien.

Por supuesto, como cualquier otro hechizo, el factor más importante es tu mentalidad. Puedes tener hierbas bien cargadas y cualquier otro ingrediente, pero si tu mentalidad no está clara y enfocada en tu intención, entonces tu hechizo podría no funcionar o no funcionará tan bien. Por ejemplo, si tienes la mentalidad de que este hechizo podría no funcionar, está prácticamente garantizado que no funcionará. Debes mantener la mentalidad de que el hechizo que estás lanzando va a funcionar. Necesitas tener confianza en ti mismo y creer en tus poderes y en los poderes que te otorga el universo. También quieres asegurarte de siempre agradecer a los poderes que te ayudan después de completar un hechizo.

Nuez moscada

La nuez moscada se utiliza comúnmente para ayudar a las personas a sanar, ya sea física o emocionalmente.

Una vez más, debes recordar que ninguno de estos hechizos debe usarse en lugar de un profesional médico. Esta hierba también se ha utilizado para fomentar el apetito y ayudar en tu proceso digestivo. Dicho esto, es importante asegurarse de no ingerir una gran cantidad de nuez moscada. Puede hacer que alucines y se sabe que es peligrosa para las mujeres embarazadas.

Mientras que la nuez moscada a veces se asocia con el Elemento Fuego, es más comúnmente parte del Elemento Aire. Los hechizos en los que se centra la nuez moscada son la promoción de emociones positivas, la mejora de la percepción y el aumento de la suerte. La nuez moscada también se utiliza comúnmente para crear una sensación de calidez porque a menudo se asocia con la cocina.

Hechizo de Energía para la Seguridad en el Hogar

Este hechizo se utiliza comúnmente cuando sientes que tu hogar es caótico. Esto puede deberse a que estás luchando por encontrar un trabajo, te encuentras a menudo en conflicto con otros miembros de tu familia, o estás atravesando una transición. Este hechizo transformará cualquier negatividad en tu hogar en positividad al aportar calidez y aliento. Te dará la sensación de que todo va a estar bien.

Los ingredientes que necesitarás para este hechizo incluyen un pequeño taladro, una vela marrón, nueve nueces moscadas enteras y un hilo o cuerda gruesa.

1. Tómate unos momentos para despejar tu mente. Luego encenderás la vela y colocarás el hilo frente a ti.

2. Toma tu taladro y haz un pequeño agujero en cada nuez moscada.

3. Tira del hilo a través de cada nuez moscada. Querrás asegurarte de que haya un nudo en un extremo del hilo, para que las nueces moscadas no se deslicen del hilo.

4. Mientras tiras de la cuerda a través de cada nuez moscada, visualiza que tienes todos los elementos esenciales que necesitas en la vida. Por ejemplo, tienes comida, agua, un hogar, buena salud, etc.

5. Haz otro nudo en la cuerda para asegurarte de que la nuez moscada se mantenga conectada con la cuerda.

6. Coloca la nuez moscada y el hilo entre las palmas de tus manos y di las siguientes palabras o similares:

"Mi hogar me brinda refugio. Estas paredes dan soporte a mi hogar. A través de esto, tengo todo lo que nunca necesitaré."

7. Coloca la nuez moscada justo enfrente de la vela, que dejarás quemarse por sí sola.

8. Después de que la vela se apague, cuelga la nuez moscada en algún lugar de tu hogar, como un lugar donde sientas más tensión o miedo al cambio. Esto podría ser tu dormitorio, cocina, sala de estar o cualquier otro lugar.

Un hechizo de buena suerte para viajeros en avión

No importa cuántas veces viajes en avión, sentirás caos. Lucharás por relajarte debido a todas las reglas que necesitas seguir, y temerás lo que puede suceder si algo sale mal. ¿Qué harás si tu equipaje de mano es demasiado grande? ¿Qué harás si pierdes tu equipaje? Hay muchas preocupaciones que acompañan a viajar. Aquí es donde este hechizo resulta útil. El objetivo de este hechizo es brindarte el vuelo más relajante que puedas imaginar.

Los ingredientes para este hechizo incluyen una nuez moscada entera, una vela amarilla para hechizos, un trozo de tela amarilla y una cinta amarilla delgada.

1. Tómate un tiempo para calmar tu mente después de encender la vela amarilla del hechizo.

2. Extiende el paño y coloca la nuez moscada en el centro. Luego, envuelve el paño alrededor de la nuez moscada levantando los cuatro lados, los cuales atarás con el hilo. También puedes cortar cualquier tela extra.

3. Coloca la nuez moscada entre las palmas de tus manos.

4. Visualízate teniendo el vuelo más pacífico. Deja que todas tus preocupaciones y ansiedades se liberen mientras visualizas. Imagina que tienes todos los tamaños de equipaje adecuados, pasas por seguridad sin ningún problema y tu equipaje nunca se pierde. Incluso puedes imaginar qué asiento tienes en el vuelo y que no hay turbulencia. Quieres crear el viaje perfecto dentro de tu mente.

5. Tómate el tiempo para repetir el mejor viaje tantas

veces como necesites. Necesitas sentir verdaderamente una sensación de calma sobre ti.

6. Después de que te sientas tranquilo, colocarás la tela y la nuez moscada frente a la vela. Luego dirás las siguientes palabras o similares:

"Con la gracia de un pájaro en el viento tranquilo del vuelo, mi viaje será pacífico y recto. Que así sea."

7. Deja que la vela se apague por sí sola mientras dejas la tela y la nuez moscada allí para absorber la energía.

8. Lleva contigo la tela con nuez moscada siempre que viajes. Cuando empieces a sentirte ansioso, puedes colocarla en tu mano y recordar la naturaleza calmante que esta pieza libera.

Sage

El salvia es conocida por brindarte un estado de calma que también puede llevarte a la meditación. De hecho, muchas personas utilizan salvia antes de meditar o a menudo sahuman su hogar para mantener una naturaleza pacífica. Asociada con el Elemento Aire, la salvia se utiliza a menudo para despejar energías negativas o no deseadas de nuestro entorno o de los objetos. También puede darnos una sensación de sanación.

La salvia se utiliza a menudo en hechizos, ya que puede ayudar a abrir el tercer ojo. También se conoce por ayudarnos a protegernos, traernos suerte o incluso ayudar con la fertilidad. La salvia también es conocida por ayudar a abrir nuestra sabiduría interior y nos ayuda a lidiar con nuestro duelo por la pérdida.

Hechizo para Sanar tu Duelo

Hay muchos hechizos que se centran en sanar tu dolor después de enfrentar la pérdida de un ser querido, perder un trabajo o cualquier otra cosa que te cause tristeza. Antes de continuar, es importante afirmar que no hay nada de malo en el dolor. Es una parte importante para ayudarte a entender y seguir adelante tras la muerte de un ser querido. Este hechizo no tiene como objetivo que superes tu dolor más rápidamente. En cambio, ayuda a transformar tu dolor en algo positivo al ayudar a ti mismo y a los demás a entender la pérdida, lo que te ayudará a continuar. Está destinado a llevar el dolor a una mentalidad saludable.

Cuando lanzas este hechizo, necesitas asegurarte de que dejas fluir todos tus sentimientos. Este es un paso importante dentro del hechizo. No te permitas apartar ciertos sentimientos o intentar ocultarlos de ninguna manera.

Los ingredientes que necesitas para este hechizo son una fotografía de la persona amada que perdiste, una vela morada, tres hojas de salvia, un sobre, un utensilio de escritura, papel y una pala.

1. Enciende la vela morada.

2. Tómate unos minutos para concentrarte en la persona que perdiste. Piensa en los buenos momentos, cuáles son tus recuerdos favoritos con la persona y su personalidad. Puedes pensar en cómo te hacían reír y sonreír. Saca todos los recuerdos y emociones positivas que puedas sobre la persona.

3. Tómate un tiempo para escribir una carta a la persona que perdiste. Puedes decir cualquier cosa que sientas que necesitas, desde los recuerdos que tienes hasta cómo te sientes por haberla perdido. Podrías decirles cómo los recordarás o contarles a tus hijos y nietos sobre ellos. Puedes escribir cualquier cosa que sientas que necesitas en la carta. No tengas miedo de hacer la carta demasiado larga o demasiado corta. El enfoque está en lo que quieres decirle a la persona.

4. Toma las hojas de salvia y colócalas en el sobre junto con la carta.

5. Sella el sobre con unas gotas de cera de vela.

6. Coloca el sobre frente a la vela y permite que la vela se apague por sí sola.

7. Después de que la vela haya terminado de arder, lleva la carta a un área en la naturaleza donde puedas enterrarla con la pala.

8. Después de haber terminado de enterrar la carta, coloca tus manos sobre el montón de tierra y permite que tu energía se inserte en la tierra.

Hechizo de Longevidad del Té de Salvia

El objetivo principal de este hechizo es ayudarte a vivir una vida sana y larga. También ayudará a disminuir tu estrés, ya que esta es una de las partes mágicas más importantes de la salvia.

Los ingredientes para este hechizo incluyen una amatista, una vela blanca, una cucharada de salvia seca, papel para escribir, un utensilio de escritura y un colador de té, que es opcional.

1. Comienza a preparar el té y enciende la vela.

2. Tómate un tiempo para despejar tu mente.

3. Comienza a escribir las cosas que quieres lograr en tu vida. Pueden ser cualquier meta, sueño o lo que quieras hacer. En cierto sentido, estarás creando una "lista de deseos." Por ejemplo, podrías anotar a dónde quieres viajar, cuándo deseas jubilarte, si quieres comprar una casa en el lago, etc.

4. Una vez que el té esté listo, comienza a dar pequeños y lentos sorbos. No te bebas todo tu té. Elige un elemento de tu lista.

5. En una hoja de papel aparte, escribe una descripción de tu artículo elegido en tiempo presente. Por ejemplo, si hiciste un viaje, describe cómo fue el viaje. ¿A dónde viajaste? ¿Cómo fue el vuelo? ¿Perdiste tu equipaje? ¿Qué lugares visitaste? Escribe todos los detalles que se te ocurran. Quieres actuar como si realmente hicieras este viaje y esté fresco en tu memoria.

6. Una vez que hayas terminado de escribir una descripción, dobla el papel tres veces. Coloca el papel debajo del portavelas de manera segura. Quieres asegurarte de que la llama de la vela no encienda el papel.

7. Toma el cristal y sumérgelo en el resto de tu té.

8. Coloca el cristal frente a tu vela donde le permitirás secarse.

9. Deja que la vela se apague por sí sola. Una vez que la vela esté apagada, toma el cristal y colócalo en algún lugar de tu hogar. Querrás asegurarte de que puedas ver el cristal a menudo, ya que esto te ayudará a recordar la larga vida que deseas vivir y todas las cosas que quieres lograr.

Canela

La canela se asocia comúnmente con el Elemento Fuego. Parte de la razón de esto es porque a menudo hace que las personas piensen en el Sol, y también porque la canela se asocia a menudo con el calor de una cocina, ya que se utiliza comúnmente para cocinar.

Cuando se trata de hechizos, la canela se utiliza a menudo para ayudar a aumentar tu prosperidad. La gente la usa para aumentar su suerte, riqueza financiera y éxito. Muchas personas utilizan canela en hechizos que ofrecen protección. Esto se debe a que se sabe que la canela ayuda a desterrar la energía negativa que puede habitar dentro de ti o en tu hogar.

Nuevo Hechizo de Protección y Bendición para el Hogar

No solo quieres pasar tiempo purificando tu nuevo hogar antes de llevar tus pertenencias, sino que también quieres asegurarte de proteger tus cosas y a ti mismo bendiciendo tu nuevo hogar una vez que hayas trasladado todo. Piensa en esto como la conclusión de tu capítulo de mudanza.

Los ingredientes para este hechizo incluyen vinagre blanco, una vela blanca, aceite esencial de canela, un embudo, un paño o esponja, una botella spray y un portavelas portátil.

1. Agrega de diez a quince gotas de aceite esencial de canela en una taza de agua. Mezcla bien y luego vierte en la botella de spray.

2. Rellena el resto de la botella de spray con vinagre blanco.

3. Coloca tu vela blanca en el soporte de vela portátil. Querrás asegurarte de que este soporte sea lo suficientemente seguro para moverlo.

4. Al encender la vela, imagina que tu hogar entero se está llenando de una luz blanca de protección.

5. Rocíe la esponja o el paño con la mezcla de canela y luego dirígete a la puerta que usas más. Limpia la puerta con este paño. Mientras haces esto, quieres imaginar que estás creando una barrera para que cualquier energía no deseada no pueda entrar en tu nuevo hogar.

6. Camina alrededor de tu hogar en el sentido de las agujas del reloj desde la puerta principal. Limpia todas las ventanas y puertas con la mezcla de canela. Recuerda visualizarte creando una barrera.

7. Una vez que hayas completado esta tarea, dirígete a un lugar cómodo y siéntate. Cierra los ojos y visualiza que todas las puertas y ventanas se están conectando. Esto conectará las barreras que creaste. Juntas, serán más fuertes para mantener fuera las energías no deseadas.

8. Mientras imaginas que tus paredes y puertas se unen para crear una barrera, puedes decir lo siguiente o palabras similares:

"Dentro de este hogar hay protección que trae paz y alegría. Así sea."

9. Deja que la vela se consuma por sí sola.

Un Hechizo de Blues para Desterrar

Todos nos encontramos con un caso de tristeza de vez en cuando. Esto puede suceder debido a ciertos eventos en nuestras vidas o sentimos que el Sol necesita brillar un poco. Cualquiera que sea la razón, este hechizo puede ayudar a aliviar la negatividad y traer más positividad. Nuevamente, si sufres de depresión clínica, este no es un hechizo que desees usar para intentar sanarte. Necesitas seguir viendo a un terapeuta y tomar cualquier medicamento recetado. Sin embargo, este hechizo también puede ayudarte a aclarar tu mente y darte un poco de energía, si es lo que necesitas.

A algunas personas les gusta escuchar música relajante mientras lanzan este hechizo. Aunque esto es completamente opcional, querrás tener un cono o palo de incienso de canela, un portaincienso y una vela amarilla para el hechizo.

1. Enciende el incienso y la vela.

2. Encuentra un lugar donde puedas acostarte y despejar tu mente.

3. Una vez que te sientas relajado, di lo siguiente o palabras similares:

"Estoy elevando mis vibraciones a una frecuencia más alta mientras suelto todas mis emociones no deseadas."

4. Cierra los ojos y enfoca tu atención en el olor de la habitación, que debería oler a canela.

5. Tómate unos minutos para visualizar una luz blanca que te rodea mientras respiras este olor.

6. Toma respiraciones profundas y lentas. Al exhalar, visualiza tus emociones no deseadas saliendo de tu cuerpo. Al inhalar, visualiza positividad y calma entrando en tu cuerpo.

7. Continúa visualizando esto hasta que la vela se haya consumido por sí sola o te sientas significativamente más ligero con energías positivas.

Este es un hechizo que querrás continuar todos los días hasta que realmente comiences a sentir que las energías negativas han dejado tu cuerpo y tu hogar.

Diente de león

Mientras que muchas personas consideran que los dientes de león son una mala hierba, en realidad es una hierba que puede aportar claridad, equilibrio y ayudarte a liberarte de emociones y hábitos no deseados. Muchas personas utilizan el diente de león en hechizos que conceden deseos. Esto a menudo proviene del viejo relato de que se supone que debes soplar sobre el diente de león mientras está en su fase de bola de algodón blanca y pedir un deseo al ver las semillas elevarse con la brisa. Además, el diente de león puede ayudarte a ganar confianza en tus habilidades.

Hechizo de Equilibrio de Luna y Sol

Hay muchos hechizos que ayudarán a crear un equilibrio en tu vida. Esto se debe a que a menudo es una parte pasada por alto de nuestras vidas. A menudo nos ocupamos tanto que olvidamos prestar atención a nuestro lado emocional, espiritual y mental, que todos necesitan estar bien equilibrados.

La razón por la cual el diente de león es un claro símbolo de equilibrio es debido a sus etapas de vida. Es un símbolo del Sol cuando es amarillo y es un símbolo de la luna cuando se transforma en su etapa de bola de algodón.

Los ingredientes para este hechizo incluyen pétalos de flor de diente de león, una vela plateada, una vela dorada, un utensilio de escritura, un sobre y un trozo de papel.

1. Tómate un momento para aclarar tu mente. Puedes hacerlo a través de la meditación o tomando algunas respiraciones lentas y profundas.

2. Con la hoja de papel en tu altar o espacio de trabajo, dibuja una línea en el centro de la página. Esto creará dos columnas.

3. Etiqueta una de las columnas "Actividades" o "Sol" y la otra columna "Relajación" o "Luna."

4. Coloca la vela dorada en la columna del Sol y enciéndela. Tómate un momento para reflexionar sobre todas las actividades que tienes en tu vida. Esto puede incluir las cosas que haces en el trabajo, con tu familia, con amigos o por tu cuenta. Puedes anotar tus quehaceres regulares o cualquier otra cosa que consideres actividades.

5. Coloca la vela de plata en la columna de la luna y enciéndela. Piensa en todas las maneras en que te cuidas y te relajas. Por ejemplo, esto podría ser leer un libro o escribir en un diario antes de dormir. Podrías meditar por las mañanas antes de que alguien más se despierte o podrías dar un paseo en auto y caminar por la naturaleza para despejar tu mente.

6. Mira ambas columnas. Observa dónde tienes más información y dónde necesitas mejorar para crear más equilibrio en tu vida. Piensa en los ajustes que necesitarás hacer y cómo puedes realizar estos cambios.

7. Una vez que hayas creado un plan de acción para tus cambios, pliega el papel y colócalo en un sobre.

8. Al dar gracias a los poderes superiores que te ayudan con este hechizo, puedes tomar los pétalos de diente de león y colocarlos en el sobre.

9. Vierte un par de gotas de cera de tus velas de oro y plata para sellar tu sobre.

Espera unas pocas semanas a un par de meses antes de abrir el sobre y echar un vistazo a lo que escribiste en la hoja. Mientras lees, piensa en los ajustes que has hecho en tu vida. Nota cualquier mejora en cómo te sientes. También puedes aprovechar este tiempo para pensar en otras formas de ayudarte a seguir encontrando equilibrio en tu vida.

Hechizo para la Claridad Psíquica

Antes de realizar cualquier hechizo, necesitas despejar tu mente. A menudo podemos luchar con esto porque las vidas ocupadas que llevamos crean mucho ruido dentro de nuestras mentes. Luego empezamos a sentirnos confundidos, estresados, y nuestros juicios y pensamientos se vuelven confusos. La realidad es que no piensas de manera racional cuando tienes la mente nublada. Por lo tanto, es importante tomarse un tiempo y realizar hechizos que te ayuden a despejar los pensamientos nublados. Este es el objetivo de este hechizo.

Los ingredientes para este hechizo incluyen de una a dos cucharaditas de hojas de diente de león que estén secas, una vela que puede ser púrpura, azul o plateada, una taza, papel para escribir, un utensilio de escritura y un colador de té, que es opcional.

1. Aclara tu mente. Esto puede ser un poco más desafiante de hacer, ya que estás realizando este hechizo por una razón. Sin embargo, si te concentras en dejar ir todas las respuestas que deseas inmediatamente y liberas tu estrés, podrás aclarar tu mente un poco más fácil.

2. Prepara tu té y enciende la vela.

3. Mientras se prepara tu té, continúa concentrándote en despejar tu mente y encontrar un estado de relajación. Toma algunas respiraciones profundas y lentas mientras haces esto.

4. Una vez que tu té esté listo, di las siguientes palabras o similares antes de tomar tu primer sorbo:

"Me abro a cualquier posibilidad. Confío en mis guías que me llevarán, para el bien de todos y en el momento perfecto."

5. Comienza a reflexionar sobre tu situación. Te ayudará hablar con la fuerza superior, ya sea el universo, Dios o una diosa.

6. Toma tu papel y comienza a escribir cualquier cosa que se te ocurra. Esto podría ser lo que te está molestando en este momento o ideas sobre cómo solucionar cierta situación. No importa lo que venga a tu mente. Tu poder superior te está ayudando, lo que significa que puede que ni siquiera te des cuenta de que algo te estaba molestando o que hayas pensado en esa idea antes. Esto no lo hace incorrecto, solo significa que estaba en tu subconsciente y no eras consciente de que tus guías te estaban ayudando.

7. Continúa escribiendo mientras terminas tu té. Si te das cuenta de que terminas tu té y no has escrito nada, simplemente apaga la vela y vuelve al hechizo en un par de días.

8. Puedes colocar lo que escribiste en un sobre si lo deseas o simplemente dejarlo en tu altar en caso de que quieras volver a ello.

9. Si has escrito algo, especialmente soluciones, deja que la vela se consuma por sí sola. Siempre puedes elegir encender la vela durante la noche por un período de tiempo hasta que se agote.

Tomillo

El tomillo está asociado con el Elemento Agua. Se centra en las energías femeninas, la suerte y puede ayudar a limpiar tu área ritual. Para hacer esto, simplemente quema el tomillo en tu espacio de trabajo. También puedes quemar tomillo para lanzar hechizos de curación, aumentar tu valentía o tus poderes psíquicos.

Hechizo de Autoconfianza del Pentagrama

Aunque a menudo puedes sentir que tienes confianza en ti mismo, siempre tendrás tus dudas aquí y allá. Es importante que nunca dudes de ti mismo mientras estás lanzando un hechizo, ya que esto puede crear duda dentro del hechizo, lo que significa que no funcionará como debería. Por lo tanto, cuando empieces a sentir dudas sobre ti mismo, querrás usar un hechizo que pueda aumentar tu autoconfianza.

Los ingredientes que necesitas para este hechizo incluyen cinco ramitas de tomillo, una imagen de un pentágono y una vela. Puedes usar cualquier color de vela que represente confianza, amor propio y autoestima.

1. Tómate unos minutos para calmar tu mente mientras enciendes la vela.

2. Comenzarás a crear la estrella de cinco puntas con las cinco ramas de tomillo. Con la primera rama, dirás algo en lo que eres bueno. Por ejemplo, "Soy bueno pintando." Luego colocarás la rama frente a la vela.

Solo quieres asegurarte de que tienes suficiente espacio para crear todo el pentágono.

3. Antes de colocar la segunda ramita, piensa en un momento en que mostraste compasión hacia alguien. Di "Mostré compasión a ____" y luego coloca la ramita junto con la primera ramita.

4. Al colocar la tercera ramita, piensa en un momento en que superaste un desafío. Di "Superé un desafío cuando ____" y conecta la tercera ramita a la segunda ramita.

5. Al colocar la cuarta ramita, piensa en una característica de personalidad de la que estés orgulloso. Di en voz alta, "Estoy orgulloso de mi compasión." Luego coloca la ramita abajo para continuar con el pentagrama.

6. Al colocar el último ramo, piensa en algo que te esté desafiando en una situación actual. Di en voz alta: "Sé que puedo superar ____."

7. Ahora, retrocede y reconoce la estrella completa que acabas de crear.

8. Toma algunas respiraciones profundas y lentas y permítete sentir la confianza que irradia de la estrella.

9. Deja la estrella allí mientras permites que la vela se consuma por sí sola.

10. Una vez que la vela se ha consumido, toma el tomillo y sal afuera. Arruga la hierba mientras la esparces por la tierra.

Hechizo de Talismán de Coraje de Tomillo

Este es un gran hechizo para lanzar cuando necesitas un poco de coraje extra. Esto no significa que no tengas coraje dentro de ti. Solo significa que estás un poco nervioso por comenzar una nueva carrera, embarcarte en una aventura o iniciar una nueva relación. Este hechizo de coraje puede funcionar en cualquier tipo de situación en tu vida.

Los ingredientes para este hechizo incluyen aproximadamente diez pulgadas de cinta naranja, pegamento, papel de construcción negro, varias ramitas de tomillo seco, una vela de trabajo que significa coraje y un perforador.

1. Tómate unos momentos para meditar y despejar tu mente.

2. Si decides usar una vela, ya que es opcional, enciende la vela.

3. Usando la parte inferior de una taza circular de 3 pulgadas, traza un círculo en el papel de construcción y recorta los círculos.

4. Perforar un agujero en el centro del círculo.

5. Toma el pegamento y adjunta cuidadosamente cada ramita de tomillo al borde del círculo. Quieres asegurarte de que algunas hojas sobresalgan del borde del círculo.

6. A medida que pegas cada ramita, visualiza más valentía acercándose a ti a través del tomillo. Imagina cómo tu sentimiento de valentía se vuelve más fuerte y más fuerte cada vez que pegas.

7. Una vez que el pegamento esté seco, coloca el

talismán entre las palmas de tus manos y continúa visualizando la energía que estás recibiendo de él.

8. Pasa la cinta por el círculo y luego cuélgala donde la puedas ver a menudo.

9. Puedes permitir que la vela se apague por sí sola o extinguirla suavemente cuando hayas terminado con el hechizo. Si eliges extinguirla, continúa encendiendo la vela cuando necesites un poco de ánimo adicional.

Capítulo 9: Aceites Esenciales

Cuando se trata de hechizos, a muchas personas les gusta llamar a los aceites esenciales aceites mágicos. Puedes encontrar fácilmente aceites esenciales en una variedad de tiendas. No necesitas asegurarte de que sean de un tipo específico, sin embargo, querrás asegurarte de tener una variedad de aceites, ya que cada aceite te dará algo diferente dentro de un hechizo.

Es importante darse cuenta de que no necesitas verter mucho aceite en tus hechizos. Siempre que uses aceites esenciales, solo necesitas verter un par de gotas. A veces, el hechizo te dirá cuánto poner, mientras que otras veces te dejará decidir. No importa lo que diga un hechizo, siempre quieres asegurarte de seguir tu intuición. Esto es lo mismo que harás cuando se trata de usar hierbas en tus hechizos.

Muchas personas disfrutan usar aceites esenciales en la cera de sus velas. Frotan el lado de sus velas con el aceite. Como se mencionó anteriormente, dado que el aceite es inflamable, debes asegurarte de no acercar el aceite demasiado a la mecha. También debes permitir que el aceite se seque en la vela durante un período de tiempo antes de encenderla. Esta es simplemente una medida de seguridad. Si deseas ungir tu vela con aceite, úsalo como una herramienta de preparación y realiza este paso un par de horas antes de comenzar tu hechizo.

También es importante recordar que puedes añadir aceite esencial a cualquier hechizo, incluso si no se menciona. Aunque hay muchos hechizos que sí lo hacen, y pronto discutiré algunos hechizos que se centran en aceites esenciales, se conocen principalmente por fortalecer el hechizo. Por ejemplo, si deseas fortalecer un hechizo de amor con una vela rosa, podrías usar un aceite esencial asociado con el color rosa para ungir la vela. Aunque el aceite esencial no se mencionó en el hechizo, decidiste simplemente hacer que el hechizo fuera un poco más fuerte.

Hechizo de Dinero con Monedas

Hay muchos hechizos de dinero que se centran en las monedas. Esto se debe a que las monedas son conocidas por traer prosperidad debido a su simbolismo de riqueza. Cuando las personas lanzan este hechizo, deben mantenerse concentradas en la sensación de que ya han recibido el dinero. Esto significa que si deseas dinero para poder ahorrar, piensas en cómo estás ahorrando el dinero. Si necesitas pagar tus cuentas, esto es lo que visualizas haciendo con el dinero.

Cuando se trata de tus emociones, quieres conectarte con la última vez que encontraste dinero. Por ejemplo, te estás poniendo un abrigo que no has usado en unos meses, metes la mano en el bolsillo y sientes algo como papel. Lo sacas y notas que son dos billetes de $20. Esto te da emoción y felicidad, ya que olvidaste por completo que colocaste el dinero en tu bolsillo la última vez que corriste a la tienda. Cuando puedes sentir emociones como esta, vas a crear un hechizo más fuerte.

Los ingredientes que necesitarás para este hechizo incluyen una vela verde, un punto de cristal, aceite esencial de tu elección que se enfoque en la suerte y tres monedas.

1. Tómate unos minutos para despejar tu mente a través de la respiración profunda y lenta o la meditación.

2. Toma un poco del aceite esencial y frótalo sobre tus puntos de presión y el tercer ojo.

3. Toma tu herramienta de tallado e inscribe tus iniciales en el lado de la vela. También querrás diseñar un símbolo de dinero, como el signo del dólar.

4. Coloca la vela entre las palmas de tus manos y visualiza tu poder absorbiéndose en la vela.

5. Unge la vela con el aceite esencial.

6. Toma las monedas y colócalas entre las palmas de tus manos. Piensa en cuando encontraste dinero de forma aleatoria en el bolsillo de tu abrigo o en tu billetera. Conéctate con tus emociones al encontrar el dinero.

7. Coloca las monedas en forma de triángulo. Asegúrate de colocarlas con la cara hacia arriba. También quieres que la parte superior del triángulo esté más cerca de ti.

8. Vierte una gota de aceite en el centro de cada moneda. Mientras haces esto, di las siguientes palabras o palabras similares:

"Así como el amor atrae amor, este dinero me traerá más."

9. Enciende la vela y di "Así sea."

10. No retire las monedas hasta que la vela se haya apagado por sí sola.

11. Luego colocarás las monedas donde las verás a diario. Por ejemplo, puedes tener una en tu billetera, en tu cocina y en tu sala de estar.

Hechizo de Atracción Amorosa Apasionada

Ya sea que estés soltero y buscando una nueva relación o desees fortalecer el vínculo con tu pareja, este es un hechizo que querrás probar. Para este hechizo, puedes mezclar tu propia mezcla de aceites esenciales o usar tu aceite favorito que se centre en atraer el amor a tu relación. Cuando realices este hechizo, no querrás centrarte en tratar de cambiar las características de personalidad de una persona. En su lugar, querrás enfocarte en cómo tú y esta persona fortalecerán su vínculo.

Los ingredientes que necesitarás para este hechizo incluyen una taza de agua filtrada, tu elección de aceite esencial que se enfoque en el amor, un tazón, una tetera pequeña, un poco de lavanda seca y una vela roja de hechizo.

1. Tómate un tiempo para despejar tu mente.

2. Evoca recuerdos en los que te sentiste emocionado y feliz. Piensa en cuando sentiste que eras físicamente atractivo.

3. Unge tu vela y los puntos de presión en tu cuerpo, como tus muñecas, mientras piensas en estos recuerdos.

4. Toma la copa de agua y sostenla entre las palmas de tus manos. Concéntrate en traer amor y compasión al agua.

5. Vierte el agua en una tetera y llévala a ebullición en la estufa. Haz todo lo posible por no usar un microondas.

6. A medida que el agua comienza a hervir, espolvorea las hierbas que decidas usar alrededor de la base de la vela.

7. Enciende la vela y di las siguientes palabras o similares:

"Mi propia moda es el amor y la pasión. A través del poder de la atracción, me llamo a mí mismo."

8. Justo antes de que el agua comience a hervir, retíralo del fuego.

9. Vierte un par de gotas de aceite esencial en tu tazón.

10. Con cuidado y lentamente, vierte el agua sobre el aceite esencial.

11. Da un par de pasos hacia atrás para que el olor de los aceites esenciales no se vuelva abrumador.

Mientras retrocedas, visualiza tu poder siendo llevado por el vapor y hacia el universo.

12. Deja que el agua se enfríe antes de desecharla.

13. Permita que la vela se apague por sí sola.

Conclusión

Para este momento, no solo sabes cómo cargar los ingredientes que puedes usar en los hechizos, sino que también tienes una buena cantidad de hechizos con los que te sientes cómodo realizando. Has aprendido cómo puedes usar hierbas y aceites esenciales para ayudar a darle fuerza a un hechizo. Has aprendido cómo puedes usar cualquier tipo de vela, hierba, cristal o aceite esencial que desees en el hechizo, siempre que esté conectado a tu resultado y fortalezca el hechizo. Sabes que la mayoría de las hierbas que encuentras en la tienda de comestibles pueden ser utilizadas en varios hechizos que promoverán la productividad, la suerte, mejorarán la autoestima, la confianza y se enfocarán en tus relaciones.

No importa qué hechizo estés realizando, siempre quieres recordar cargar los ingredientes que vas a utilizar. Después del hechizo, quieres asegurarte de purificarlos para prepararlos para otro hechizo. Por supuesto, si estás usando velas, puedes seguir utilizándolas para fortalecer la atmósfera en lo que respecta al hechizo que realizaste.

Lo más importante es que debes entender que siempre necesitas estar seguro cuando estás lanzando hechizos. Siempre debes asegurarte de mantener un ojo en una vela encendida y tener cuidado al usar aceite y otros objetos inflamables. También entiendes que nunca debes usar un hechizo en lugar de ir a un médico o tomar medicamentos. No hay hechizos wiccanos que se puedan usar en lugar de buscar ayuda profesional. Los hechizos están destinados a ser utilizados junto con cualquier consejo o atención médica que necesites.

El propósito de este libro era ofrecerte una variedad de encantamientos que te ayudarían a desarrollar tus habilidades y talentos. Sin embargo, hay toneladas de otros encantamientos en los que puedes investigar para usar, ya seas un principiante o hayas estado lanzando encantamientos durante mucho tiempo. Bendiciones para ti.

www.ingramcontent.com/pod-product-compliance
Lightning Source LLC
Chambersburg PA
CBHW072008290426
44109CB00018B/2171